图书馆管理与信息服务研究

章先贵◎著

中国原子能出版社
China Atomic Energy Press

图书在版编目(CIP)数据

图书馆管理与信息服务研究 / 章先贵著. -- 北京 : 中国原子能出版社, 2020.8(2021.9重印)
ISBN 978-7-5221-0774-5

Ⅰ.①图… Ⅱ.①章… Ⅲ.①图书馆管理—研究②情报服务—研究 Ⅳ.①G251②G252.8

中国版本图书馆CIP数据核字(2020)第151853号

图书馆管理与信息服务研究

出　　版	中国原子能出版社(北京市海淀区阜成路43号 100048)
责任编辑	蒋焱兰(邮箱:ylj44@126.com QQ:419148731)
特约编辑	刘胜令　李　宏
印　　刷	三河市明华印务有限公司
经　　销	全国新华书店
开　　本	787mm×1092mm 1/16
印　　张	10
字　　数	160千字
版　　次	2020年8月第1版　　2021年9月第2次印刷
书　　号	ISBN 978-7-5221-0774-5
定　　价	45.00元

出版社网址:http://www.aep.com.cn　E-mail:atomep123@126.com
发行电话:010-68452845

前言

信息技术的兴起与快速发展,使人类进入信息社会。现代信息技术的发展以网络化为前提,在现代社会中,拥有信息量的多少是一个图书馆在社会中重要程度的体现。由此可见,信息化给图书馆发展带来了机遇,但也带来了极大的挑战。在信息化环境对其管理和信息服务工作提出新要求的背景下,图书馆作为一个收集、整理、保存、传播信息资源的公益服务机构,更有责任为国家和人民提供更好的服务,满足人们的需求。因此,图书馆要注重加强管理与信息服务建设。

图书馆管理相较以往发生了翻天覆地的变化:一方面,科学技术的发展给图书馆现代化管理提供了技术支撑;另一方面,图书馆管理相关的基础学科也在加速发展,并与其他学科交叉,使图书馆管理理论更加成熟完备。从宏观上来讲,提高图书馆管理水平关系到我国图书馆事业的总体发展和信息资源的合理布局;从微观上来讲,提高图书馆管理水平对于图书馆的持续发展具有重要意义。

与此同时,图书馆的信息服务也呈现出一些新的特点,如服务理念的信息化、服务内容的知识化、服务载体的网络化、服务方式的多元化、服务态度的主动化等。图书馆应加快图书馆管理的现代化,提高图书馆管理水平,遵循"以人为本"的管理和服务理念,充分发挥馆藏作用,以适应现代化经济建设与社会文化发展的需要。

"服务共享,让图书馆无处不在"的理念应该成为图书馆的服务理念和永恒的追求,伴随着移动图书馆、微信图书馆等新媒体闪亮登场,图书馆服务更加具有活力。在充分完善自身文献资源支撑体系的同时,图书馆还要充分尊重读者、体现人文关怀、注重读者体验,逐渐深化基于网络的文献服务,构建以用户需求为核心的管理与信息服务模式,使各个图书馆形成合力。

提高图书馆的管理和信息服务水平是有效利用信息资源的需要。总的来说，应以计算机等现代化技术设备的应用为依托，以具有现代管理思维的高素质的图书馆员为后盾，以符合现代化文献信息事业发展规律的科学管理为保证，以满足高层次、高质量、迅速及时的文献信息需求为目的。因此，探讨图书馆管理与信息服务的理论和实践，对图书馆事业在新的环境下快速发展，及时跟上时代发展的步伐具有重要的现实意义。

目 录

第一章 图书馆管理与信息服务概述

第一节 图书馆管理的内容及意义

一、图书馆管理的内容

图书馆管理是通过决策、计划、组织、控制和协调实现的。各环节之间不是相互割裂的,而是相互联系,相互制约,共同作用于管理运动的全过程,形成图书馆管理的特定内容。

(一)决策

任何图书馆系统及其所属的子系统的管理过程都离不开正确的决策。图书馆系统的决策主要包括图书馆发展方针、政策、战略方面的决策;各项业务工作的决策,如采集文献品种与复本数量的决策、分类法的选择、馆藏划分最优方案的选择、排架方式的选择、开架与闭架方式的选择等;人事方面的决策,包括人员智力结构的确定、人员更新与培训的方式、奖惩制度的制定等;财务、设备方面的决策,包括经费预算及其合理分配,设备、用品的选择等。正确的决策来源于正确的判断,正确的判断来源于周密细致的调查研究。因此,深入调查研究是决策过程中避免失误和少犯错误的重要前提。

(二)计划

计划是管理过程中的一个十分重要的因素。计划是一种预测未来、确定目标、决定政策、选择方案的连续过程,是图书馆各项活动的指针,图书馆系统的各方面决策都是要通过计划去实现的。

图书馆计划包括两个基本方面:国家图书馆事业发展计划和个体图书馆的发展计划。

国家图书馆事业发展计划应包括:①图书馆事业总体规划,规定图书馆发展的总量与速度，确定重点与比例，平衡各类型图书馆的建设和布局；②图书馆网的发展计划，规定图书馆网的组织形式及其结构；③专业人员的培养计划，包括正规的学校教育、职业技术教育、函授教育、在职教育等多层次教育形式；④科学研究与协调发展计划，包括基础理论研究、重要科研项目、技术设备和服务手段以及引进技术与大型协作计划等。

个体图书馆的计划有长期计划与短期计划、全馆计划与各个业务部门的计划、本馆的整体发展规划与各局部的发展计划等。

计划是由定额、指标和平衡表三部分组成的。各项定额是发展计划的基础，计划的内容和任务则体现在指标上，计划就是综合平衡，平衡表是基本手段和工具。国家图书馆事业发展计划是各分项计划的集合，一个馆的总体计划是本馆内各个部门计划的集合。在制订各项计划时，应明确该项计划的主要任务及其在总体规划中的地位和作用，认真选取衡量该项计划发展水平的主要指标，确定发展的规模和发展速度，突出发展重点，规定适当比例，注意各项计划之间的协调。应当指出，在编制图书馆计划时，必须通过统计工作收集可靠的数据指标并根据各项相关的指标谋求最佳的发展方案。

（三）组织

组织指对活动所需的资源加以组合、建立组织的活动与职权间的关系的过程。组织是发挥管理职能，实现管理目标、完成计划的保证。组织工作是个分工的行为，同时又是一个组织各方进行协作的行为。组织工作还包括人事工作，亦称人员配备，即为组织的工作过程中设置的工作岗位配备合适的职工人选。因此，在图书馆管理系统中必须要有健全的组织机构，明确各个工作岗位的职责，确立各级人员之间的相互关系，做到职责分明、权责结合。只有这样才能实现管理过程中的各项决策和各项计划。

（四）领导

领导影响人们为实现组织的目标而努力的程度，包括激励、沟通等问题。图书馆要建立合理的领导层的群体结构，注意选拔主导型人才，重视领导者群体的智力结构，加强领导者之间的团结协作。图书馆的领导者应当注意在正确运用合法权利、奖励权利、强制权利之外，学习和掌握图书馆专业知识与管理知识，不断完善自身各方面的素质，增强自己的影响力。要重视对领导艺术的学习与实践，包括授权艺术、决策艺术、会议艺术、用人艺术与奖励艺术等。

（五）控制

按既定的工作计划、标准去衡量各项工作成果并纠正偏差，使工作按计划的方向进行。所以，控制不仅是对现有工作成果进行评定，更重要的是认识和判断工作发展的趋势并为改进工作提供信息反馈。可以说，没有良好的信息反馈，图书馆就无法对自己的各项工作进行有效的控制。这是因为控制的功能是通过输入、中间转换、输出、反馈四个环节实现的。输入包括两个方面：一是物流的输入（包括资金、设备、物资、文献等）；二是信息流的输入（包括各种决策、计划规章制度等）。中间转换包括物流、信息流在图书馆各层次系统中的实际运动过程。输出包括品种、数量成本等各种指标。反馈即将输出信息回收到输入端，与原给定物流、信息流进行比较，发现差异，查明原因，最后干预以消除。这样就达到了控制的目的。反馈是控制中最重要的一环，反馈的信息有真假之分，必须对反馈的信息进行分析，去伪存真，以便对图书馆系统的各个工作环节进行有效的控制，保证图书馆均衡地完成工作计划，取得最佳的服务效果。

（六）协调

协调是管理过程中不可缺少的环节，它可以使图书馆事业的建设或图书馆的各项工作趋向和谐，避免矛盾和脱节现象。图书馆的协调从微观角度来看，是指图书馆内部纵向和横向的协调。纵向协调就是要保持图书馆各层次子系统的上下平衡；横向协调就是要保持图书馆系统各层次彼此之间的协作，以避免各个工作环节和各个部门之间发生脱节或失调现象。图书馆的协调从宏观角度来看是指与图书馆外部的协调。这种馆际之间的协调也分为纵向层次的协调和横向层次的协调。纵向层次的协调指的是本系统图书馆从上至下的协调；横向层次的协调指的是本图书馆系统方针、任务与其他图书馆系统的协调。如省级图书馆属于公共图书馆系统，除了要与整个公共图书馆系统协调外，还要同高等学校图书馆系统、科学图书馆系统及其他图书馆系统进行横向协调，使各个图书馆系统紧密联系、均衡发展，从而充分发挥各种类型图书馆的功能，为广大用户服务[①]。

二、图书馆管理的意义

（一）图书馆管理是图书馆发展的需要

一个图书馆少则几十人，多达数百人甚至上千人，其工作内容复杂，程序繁多。面对这样一个系统工作，需要将它的工作流程的每一个单元环节、物资设备和工作人员按照一定的组织法则有序地装配在一个系统的链条上，加以调节，合理运作，统一指挥，否则，图书馆无法达成其方针任务。

随着人类社会的进步和科学文化的发展，图书馆的数量不断增多，类型不断增加，同用户的联系更加广泛。这说明图书馆已不是孤立的单个的存在，而是一个社会化的有机整体，因此，需要通过管理密切图书馆与图书馆之间、图书馆与用户之间的联系。图书馆事业是由各种不同类型的图书馆组成的。要使具有全国规模的图书馆事业布局合理，使之协调而又有计划地发展，必须对全国图书馆事业实行科学有效的管理，以便把丰富的文献信息资源当作全社会的共同财富，有效地加以开发和利用。

（二）图书馆管理是信息服务和用户需求的需要

科学技术的快速发展、世界文献量的急剧增加、信息污染日益严重，给承担文献信息收集整理社会职能的图书馆提出了更高的要求：一方面，要对数量庞大、内容复杂、载体多样的文献信息进行准确的采选、迅速的加工、科学的管理。另一方面，要采用各种方式和途径，迅速、准确地将知识信息提供给需求多样的不同用户。为此，应对图书馆工作进行合理的安排，对馆员进行不断的培训，对社会信息资源和社会需求进行调研和预测，对用户进行大量的组织工作，这就是图书馆管理所肩负的重任。

（三）图书馆管理是图书馆现代化的基础

随着信息技术的迅速发展和在图书馆中的广泛应用，现代图书馆的

①侯爽．浅谈图书馆管理的特点[J]．农家参谋，2020(09)：273.

主要特点为馆藏多样化、工作标准化、技术自动化、储存数字化、服务网络化以及组织管理科学化等。计算机等现代技术装备和应用要靠严密的组织、规范化的操作程序和严谨的组织体系才能正常运行,充分发挥其作用。由此可见,科学管理不仅是现代化的重要内容和条件,而且是实现图书馆现代化的基本保证。

第二节 图书馆工作组织管理及管理模式

一、工作组织管理

(一)业务机构的设置

图书馆业务工作是一种工序繁多、前后衔接、连续性强的工作。把图书馆业务工作的许多任务合理地组织起来并设置一些业务机构把它统管起来,是做好图书馆工作的一个重要条件。图书馆需要设立哪些业务机构一般没有统一的标准和规定。各图书馆可以根据自己的任务、馆藏、人员、设备等因素统一考虑,统筹安排。

业务机构设置首先应该有利于管理,各部门之间既有明确的分工,体现各个部门的工作范围、职责,又便于相互协作,互相补充,发挥整体的作用。机构的上下之间分级管理能充分调动全馆工作人员的积极性。要把那些性质相近的工序组织在一起,减少往返传递,避免重复劳动,节省人力和时间,提高各项工作的速度和质量。

工序是图书馆设置业务部门的主要依据。按工序设置业务部门有利于组织业务工作,便于业务部门之间的互相联系。

通常来说,传统的图书馆通常设立下列部门:①采编部门。采编部门主要负责文献资料的征集、验收、登录及注销;分类、编目和主题标引;协调和馆际交换;编制新书通报等。②外借阅览部门。外借阅览部门主要负责用户登记、发放借书证件;办理馆藏文献的外借和阅览;管理并指导用户使用目录;帮助用户复印复制资料等。③参考咨询部门。参考咨询部门主要负责编制各种专题书目索引;指导用户使用书目索引;解答用户咨询等。④文献典藏部门。文献典藏部门主要负责基本书库和保存本书库的组织管理;办理文献的出库和归架;做好文献保护工作。⑤业务研究辅导部门。业务研究辅导部门主要负责本地区、本系统图书馆的业务辅导工作;组织本地区、本系统图书馆工作经验的交流和图书馆业务的研究;收集、整理并保管图书馆学专业文献资料。⑥特藏部门。特藏部门负责珍本、善本文献和其他特藏资料的管理和流通。⑦自动化部门。自动化部门负责本馆自动化管理系统的开发、管理与维护工作。

由于影响图书馆业务机构设置的因素很多,所以各个图书馆的机构设置并不是完全一致的。规模较大的图书馆可以分别设立采访部和编目部。规模较小的图书馆经常把采访与编目合并,设立采编部;把阅览与典藏合并,设立典阅部;把参考咨询合并到阅览部,不另立参考咨询部。我国的省、市公共图书馆普遍设立业务研究辅导部;有些大型的科学图书馆也设立了业务研究辅导部。有些大型图书馆按出版物类型把图书与期刊分开,单独设立期刊部;有些科学和高等院校图书馆按学科设置业务部门;也有许多图书馆采取先按工序,再按语种组织业务工作,采访部下面分设中文采访组和外文采访组;编目部下面分设中文编目组和外文编目组;典藏部下面分设中文书库和外文书库。有的图书馆为便于对不同类型文献的搜集、整理和利用,专设了古籍或地方文献部门,形成了一个从采访、典藏到流通的独立系统。为了加强信息服务工作,有些图书馆设立了信息服务部。

以上这些业务部门,依据图书馆规模的大小,可以称部,也可以称组,但部或组的工作性质和范围是相同的。

图书馆的全部业务工作是由上述各个业务部门分别完成的。各个业务部门既有明确分工和职责范围,又是相互联系的。在图书馆的全部业务工作中,用户服务工作是其中最重要的工作,文献搜集、馆藏管理、文献保管等各项工作都应以方便用户利用文献作为出发点。因此,图书馆业务机构都应以用户工作为中心来组建,抓住了这一点,业务机构的设置就有了明确的方向。

在虚拟环境下,图书馆的工作环节和程序将发生变化,相应的传统图书馆职能部门如采购、典藏、服务等部门的职能将扩展,可按任务组成信息理集部、信息转换部、数据描述部、数字化服务部、技术支持部等部门。为适应市场经济对图书馆的要求,有些图书馆还设立了文献开发部门,负责创收与开发工作。当然,传统型出版物的典藏、服务部门等还会继续存在。

(二)规章制度的设立

1.建立图书馆规章制度的意义

图书馆规章制度是指图书馆工作人员或用户必须遵守的工作条例、章程、规则、细则和办法。它是图书馆实行科学有效管理的依据和准绳,是整个图书馆工作正常而有秩序进行的保证。

各种类型的图书馆,特别是工作内容比较复杂的大型图书馆,必须建立一套严密的、科学的规章制度。一个图书馆工作效益的大小、工作秩序的好坏都与是否认真建立或严格执行各种规章制度有着直接关系。严密的、科学的规章制度不仅要正确地反映图书馆业务工作和技术操作的特点和规律,成为进行业务技术工作的准绳,而且要正确地解决图书馆内各个部门、各个工序和各个环节的业务技术问题,工作人员之间的关系问题以及图书馆与用户、一部分用户与另一部分用户之间的关系问题。

严密的、科学的规章制度应体现出人们在实践中积累起来的成功经验,也可以说是经验的法定化、条例化、规范化。它应当揭示出图书馆提倡什么、反对什么、约束什么,使图书馆的管理者和使用者都按照规章制度办事,保证工作正常有秩序地进行下去。图书馆规章制度是图书馆工作实践经验的总结和概括,但随着图书馆工作的发展和人们认识的深化,它并不是一成不变的。人们应当根据客观情况的变化及时地检查规章制度,发现确实有不合理的或者是有弊病的,就得坚决地加以改革。在改革规章制度时,要严格划分合理的制度与不合理的制度、正确的制度与错误的制度、必要的制度与“清规戒律”之间的界限。图书馆业务工作具有很强的积累性、持续性和连锁性,尤其是属于业务操作技术方面的规章制度,更要保持最大限度的稳定性和规格化,应尽量减少和避免不是十分必要的变动。对于必须要改的规章制度,破了必须要立,最好是先立后破、边立边破,以防青黄不接、难以为继,使工作发生混乱。

所谓对用户的便利,是指对全体用户的便利,不能是便利一部分用户而妨碍了另一部分用户的利益。而且,这种便利是长远的便利。因此,需要以科学有效的管理来保证。

2.用户与用户的关系

制定规章制度时要体现在保证重点用户需要的前提下满足一般用户文献信息需求的原则。从整体上看,图书馆要保护多数用户的利益。例如,图书馆为了严防丢失、损坏文献资料而订立的某些制度,目的就是要保护全体用户的共同利益。

3.利用馆藏文献与保管文献的关系

图书馆的各种规章制度应当从方便用户利用馆藏文献出发,但同时也要考虑到保护图书馆财产的完整。利用文献是图书馆工作的目的,保管文献是为了更好地利用馆藏。图书馆工作人员应从健全规章制度和掌握规章制度方面来调整利用馆藏文献与保管文献的关系。在一般情况下,图书馆的馆藏以满足借阅为主,但在某些情况下,某一种文献或某一类文献,在一定时间内,也可以仅供用户在馆内阅览,不能做馆外流通。某些文献只借给科学研究用户,不借给一般用户。这样做是为了保证重点用户的迫切需要,也是从便利用户借阅出发的。

二、图书馆管理的模式

(一)资源管理模式

图书馆资源管理模式可归纳为以下几种,图书馆可根据自身的发展目标,本馆的特点加以选择或组合。

1.小而全模式

小而全模式指图书馆的整体规模(如藏书、建筑等)维持目前的动态平衡,但其服务手段和服务能力需要不断地加强,达到齐备完全的程度。对于小型图书馆,要保证配套设施的新颖性和全面性,力争与国内的同行业保持同步,这样才能保证图书馆网络化、自动化、数字化工作的顺利开展,以准、快、精、全的服务质量树立图书馆的新形象。采取"小而全"模式的图书馆,应在检索手段、服务手段和网络设施等硬件建设上加大投资力度,给图书馆的"软"工作创造一个扎实的"硬"环境。

2.专而深模式

现代意义上的图书馆不再是文献资料的收藏中心,必须要在如何充分利用现有的文献信息资源上下功夫。考虑到文献数量剧增、文献价格上涨、购书经费减少、服务对象的特殊性以及文化环境的独特性等因素,采取专而深模式的图书馆,其文献收藏要求"求专舍全、求深舍广"。收藏重点应放在本馆读者最常用的文献资料上,做到收藏有重点、服务有特色。

专而深的特色资源作为全球虚拟图书馆最基本的组成部分发挥着极其重要的作用。这些来自某个区域的各个分支信息,在网络上汇集成一个完整的虚拟图书馆,给人们提供全面而系统的服务。在新技术对传统图书馆的强烈冲击下,建立专而深的图书馆模式已经成为人们考虑的一种新的管理模式[①]。

3.网络化模式

在信息飞速增长的今天,再大的图书馆也无法包罗万象、全面收藏。因此,现代图书馆如果不借用外力去充分利用已有的劳动成果、开展馆际协作、实现资源共享,那它的路将越走越窄,服务只能越来越被动,逐渐被读者遗忘。信息化程度的提高和电子网络的建立使馆际交流与协作变得容易而频繁。从文献采访到文献查重,从集中编目到联合编目,从目录检索到全文信息检索,从馆际互借到资源共享,图书馆的基本业务都可以通过网络来实现。

(二)组织机构模式

在现代与民主、自由与创新的管理趋势下,不同类型的图书馆可根据自身的具体情况采用适合本身特点的管理模式。图书馆组织机构的管理模式可以有以人为本的价值导向、以柔克刚的管理理念、有机弹性的组织结构、系统化的管理手段与方法、和谐一致的人际关系和文化氛围。

1.柔性化管理模式

组织机构是图书馆管理活动及其他活动有序化的支撑体系。传统的组织理论强调结构稳定、组织内部等级森严、层次间界限分明,通常会形成缺乏沟通、办事刻板的组织,这样的组织是无法适应多变环境的。柔性管理不再把组织结构看成一个刚性的东西,而是把它看作柔性的、有适应性、有学习能力的有机体。很显然,柔性化的组织强化了部门间人际交流合作,为图书馆的发展创造出了一个和谐融洽的内外环境,营造出了一种全新的文化氛围,为每个人的思想发挥提供了充分的条件和空间。

---

①胡瑞娜.网络背景下图书馆管理工作模式分析[J].才智,2020(11):250.

2.扁平化管理模式

扁平化是对"金字塔"式的层级管理模式的创新,其组织形态由传统的塔型结构向扁平型转变。组织结构扁平化取消了中层管理环节,既节省了一批人力资源,又使信息沟通与决策方式得到改善,客观上促进了领导与下属之间的交流与协商。扁平化管理提倡团队精神,虽然图书馆员根据工作需要经常流动,岗位不断变化,但责任依然明确。随着信息传递方式由阶层(等级)型变为水平(自由)型,与此紧密相关的图书馆管理组织结构也将从尖顶的"金字塔"型向扁平的矩形网络转变。一些中层组织将被削弱或走向消亡。那种分工过细、相互割裂的管理组织已不适应发展的需要。把相互关联的管理组织加以整合成了大势所趋。临时性的、以任务为导向的团队组织将取代原有结构中固定的和正式的组织。这种柔性的、灵活的虚拟组织已成为图书馆组织管理的重要形式。

3.虚拟化管理模式

虚拟化是指通过借用外部共同的信息网络及通道提高信息数据存储的一种方法。引用到组织管理中是指协同外部力量、整合外部资源的一种策略。沿海城市图书馆与内地图书馆,高校图书馆与公共图书馆,省级图书馆与市、县级图书馆,它们之间现代化的程度存在着很大差异,发展水平也极不平衡,甚至出现了"两极分化"现象。因此,寻求一种能够解决现阶段乃至今后我国图书馆事业发展的管理策略就显得十分必要。虚拟化管理模式所追求的目标是突破组织自身的有形界限,达到全方位借用外力的效果,以期取长补短、协同发展,各合作方达到"共赢"的效果。

第三节 信息服务的概述

一、信息服务的概念

信息服务的概念有广义和狭义之分。广义的信息服务概念泛指以产品或劳务形式向用户提供和传播信息的各种信息劳动,包括信息的收集、整理、存储、加工、传递、提供以及信息技术服务等;而狭义的信息服务则是指专职信息服务机构针对用户的信息需要，将开发好的信息产品以用户方便的形式准确传递给特定用户的活动。

信息服务与其他服务行业相比，是一种更具社会性的服务。中国信息经济学界一般认为，凡是属于信息的识别、采集、分析、生产、加工、处理、传播、分配、咨询、销售的行业或职业活动，都可以称为信息服务。而从事信息设备制造、建设、施工的行业或职业活动不属于信息服务。这里需要强调的是，在信息时代，最重要的信息服务是利用通信和计算机手段的信息服务。日本信息服务协会干脆把信息服务业定义为"应用计算机和通信线路进行信息处理并提供各种服务的产业"。其实人类使用语言、文字生产和传递信息已经有几千年的历史，一直到电信和计算机相当普及的现代社会才被认为是人类进入信息时代。因为信息时代的标准重要的不在于产生出什么样的信息，而在于怎样传播和处理这些信息。可见信息的技术组织方式才是信息时代核心的标准。也许日本信息服务协会给信息服务业下的定义有些绝对，但它可能更代表未来。

在现代社会中，无论是经济建设、文化教育、军事、医药卫生、工业的生产与经营、农业的种植与发展、商业的流通与营销，还是社会管理与服务，所有行业都离不开信息的发布、传递、收集、处理和利用。每个领域都需要信息服务，相应的信息服务能够为其提供信息保障，使其业务活动能够顺利开展。因此，社会发展离不开信息服务。

信息存在于人类社会活动的各个领域，是社会得以存在并不断发展的重要基础。随着社会分工的日趋细化和科学技术发展水平的迅速提高，人们的信息联系日益广泛，不同范围、不同层次、不同学科之间的信息交流日趋复杂。所有社会成员，包括不同职业的个体和组织对信息的需求已经远远超出了自身的信息活动能力，各种专门的信息服务机构所提供的信息服务，已经成为各种职业活动得以顺利开展的重要基础条件。

二、信息服务的对象

广义而言，信息服务的对象是指对信息具有客观需求的所有社会主体，包括社会组织和社会成员。在信息服务的活动中，这些社会组织和成员被称为信息用户。他们是信息的接收者，是信息产品的利用者。

在图书馆和信息情报部门，其信息用户通常是指进行政策制定、规划设计的政府机构、科研单位、企业、文化教育、医药卫生等机构，从事科学研究、技术开发、生产、管理等工作的组织和个体成员，以及广大的社会公众。在信息传播和交流服务中，信息用户主要指具有信息传播与交流需求和条件的所有社会组织和成员。在其他专门化的信息服务中，信息用户还具有其他的含义。

根据社会信息的产生、传播、接收和使用规律，任何社会组织和社会成员既是信息的创造者和传播者，同时又是信息的接收者和利用者。社会中的任何人，只要具备利用信息的智力和与他人发生交往的需求，就必然成为信息用户。因为他们在获取和利用信息的同时，必然伴随着新信息的产生和传播，表现为信息与用户间的交互作用。因此，凡具有一定社会需求和社会信息交互作用的条件的一切社会组织和成员，都属于信息用户的范畴①。

三、信息服务的性质

信息与信息用户的关系是信息服务活动得以开展的基础。在讨论信息服务的性质和内容之前，有必要先分析信息与信息用户的关系问题。信息与信息用户主要具有以下基本关系：①信息因信息用户的使用而有价值，信息用户在各项社会活动中都离不开信息。信息与信息用户相互依存。②信息用户在利用信息的过程中会根据自身社会活动的要求对信息做出选择，以使信息活动与信息用户主体活动相适应和匹配。③信息的价值是在信息用户利用信息的过程中予以评定的。④根据信息与信息用户的关联作用，信息用户对所接受并存储于大脑中的信息会进行可能的加工，再用新的方式予以表达。⑤信息用户在获取和利用信息的同时，也在不同程度地传播信息。因此，信息传播的主要方式之一是用户与用户之间的信息传递。⑥任何信息用户在吸收某一信息的同时都会创造出与此有关的新信息。信息只有通过信息用户的吸收才具有新的生命。

通过对信息与信息用户关系的分析得知，社会需求决定了信息服务的性质和基本内容。信息服务总是从社会现实出发，以充分发挥信息的

①严飞，王一茗．图书馆信息服务研究[J]．花炮科技与市场，2020(02)：20+43.

社会作用和沟通信息用户的信息联系,并以有效组织信息用户的信息活动为目标而进行的一种社会服务。信息服务在社会活动中具有以下主要性质。

(一)社会性

人类社会中处处存在着信息,产生、传递和利用着信息。信息服务的价值也必须通过社会实践加以检验和衡量,并由此决定信息服务的社会规范。

(二)知识性

信息服务是一种知识密集型服务,它不仅要求信息服务者具有综合的知识素质,还需要信息用户具备相应的知识储备。当信息用户的知识与信息发生匹配时,信息服务才能够有效地进行。

(三)关联性

信息、信息用户与信息服务之间存在着紧密的联系,三者之间的内在联系决定了信息服务的方式和工作模式,也是组织整个信息服务活动的基本依据。

(四)时效性

信息服务具有很强的时效性。信息只有在需要的时候才能发挥理想的价值,否则将无用甚至适得其反。

(五)特指性

信息服务是针对特定用户和用户信息活动而提供的服务,在服务过程中信息必须定向组织传播,信息用户也需要定向获取和利用。

(六)伴随性

信息服务的进行必须伴随着信息用户的主体活动而展开,并随时根据信息用户主体活动的需要而适时调整,以求辅助用户达到主体活动目标和任务的实现。

(七)共享性

相对于特定信息用户的信息服务而言,公共信息服务也是信息服务的任务之一,它可以同时为多个个体信息用户或群体信息用户提供服务,即发挥信息共享性的功能。

（八）受控性

信息服务活动的开展必须在国家政策和社会道德准则的导向和约束下进行，必须确保国家和公众的利益不受损害。

（九）增值性

信息服务的增值性与信息的增值性有关。信息虽具有确定性价值，但在不同的时间、地点，针对不同的用户会引申、推导、繁衍出不同的意义，从而使信息增值。信息服务亦然，同样的信息为不同的用户服务，可能使其增值。通信信息服务的增值又是另一方面：一是通信网的增值；二是基本业务以外的增值，如电话信息服务就是利用现在的电话网络附加以必要的技术，传送电话基本业务以外的各种信息服务。

四、信息服务的内容

信息服务是信息机构以信息为内容，按一定方式将信息提供给信息用户的过程。这一服务过程是：促进和协调信息用户的信息利用活动，促进和协调信息用户与信息资源发生交互作用的过程。它包含着十分丰富的内涵、表现形式和组织方式。各种信息服务的交替和结合就构成了事实上的社会化信息服务。从信息用户和社会信息源与信息流的综合利用视角分析，社会化信息服务的内容主要有以下几个方面。

（一）信息资源的加工与开发

世上没有无用的信息，关键在于怎样挖掘、开发，并提供给需要的用户。按对信息的加工程度，信息服务可分为：①一次信息服务（即以原始信息为内容的服务）；②二次信息服务（在原始信息的基础上编制的目录、索引、文摘、题录等）；③三次信息服务（在原始信息的基础上经过研究和分析所做出的综合述评、评价、分析、预测等）。

按信息内容的类别和所属领域。信息服务可分为：①科技信息服务；②经济信息服务；③文化信息服务；④教育信息服务；⑤法律信息服务；⑥军事信息服务；⑦体育信息服务；⑧流通信息服务等。

按对信息内容的处理形式，信息服务可分为：①信息加工服务（如对纸质信息进行数字化处理、制作专题数据库等）；②系统开发服务（为使信息用户方便、有效地利用数字化信息而进行信息管理系统的设计开发服务）。

（二）信息的传递与提供

信息是需要交流和传递的，只有在不断交流传递、提供的过程中才能显示出信息的价值。按信息交流传递的范围，信息服务可分为：①内部信息服务；②外部信息服务。

按信息的流向，信息服务可分为：①单向信息服务（指向单一信息用户提供的服务）；②多向信息服务（指同时或分时面向多个信息用户的服务）。

按提供信息的方式和手段，信息服务可分为：①传统信息服务（如提供实物材料、样品、样机、纸质文献等信息载体所进行的信息服务）；②现代信息服务（数据信息数字化、网络化信息服务）；③被动信息服务（根据信息用户提出的服务要求，再进行组织的信息服务）；④主动信息服务（服务者主动面向用户提供的服务）；⑤长期信息服务；⑥即时信息服务；⑦有偿信息服务；⑧无偿信息服务；⑨信息代理服务（如中介服务等）。

（三）信息的发布与利用

信息产生之后，需要及时地加以宣传和发布，以便信息得到有效利用。按信息服务的业务形式，信息服务可分为：①信息传输服务（通信服务）；②信息宣传报道服务；③新闻出版服务；④消息发布服务；⑤信息检索、咨询服务等。

（四）信息用户的信息活动组织与信息保障

在信息社会中，人们所具备的对信息处理的实际技能和对信息的筛选、鉴别、使用能力具有较大的差异。它涉及信息意识、信息觉悟、信息心理素质、信息检索、信息加工利用以及信息传播能力等方面的内容。在科学技术日新月异的信息时代，知识信息的时效性日益加强，对信息用户信息活动的组织，以及对信息用户信息意识、觉悟、心理素质、检索、加工、利用、传播能力的培养就显得尤为重要。

这项信息服务能够增强信息用户对信息价值的认识和利用信息的主动性，从而使其主动获取各种需要的知识信息。

对信息用户的信息活动组织服务内容包括：①图书馆导引（内容主要是向新用户介绍如何使用图书馆，方式一般为课堂教学、参观图书馆、印制使用指南、用户答题等）；②举办培训班和专题讲座（定期或不定期面向信息用户组织各种培训班或专题讲座,内容主要讲授最新信息技术、应用软件和图书馆资源的使用等,方式有讲解、演示、实际操作等);③在线教育(如国外大多数高校图书馆建有用户教育指南网站或网络教学平台)。

在科学技术飞速发展的现代社会,任何单一的信息服务机构都无法保障信息用户全方位的信息需求。因此,在一个系统,一个地区,甚至更大范围内提供整体性的信息保障服务十分重要。它充分利用信息的共享性和增值性,最大限度地利用资源,为信息用户提供信息保障服务。

第四节 图书馆的信息服务

美国图书馆学家谢拉曾说过,服务是图书馆的基本宗旨。服务是贯穿图书馆发展的主线,是图书馆的核心价值观。图书馆现代化发展的最终目的就是提供更好的服务,图书馆是人类文献信息资源的集散地,图书馆提供的服务可以说就是信息服务。

一、图书馆信息服务的原则

与社会其他服务相比,图书馆的信息服务有着特定的原则及内涵,主要应包括四个方面的内容:平等原则、开放原则、人性化原则和满意原则。

(一)平等原则

平等原则既是图书馆信息服务的首要原则,又是其他原则的基础。平等原则主要体现在两方面。

1.平等享有权利

平等,是现代民主社会的基本价值之一,是自启蒙运动以来在人类现代文明中得到普通承认的理念,是人类社会发展的必然结果。这种伟大的理念在图书馆事业中最重要的体现就是对用户的平等服务。联合国教科文组织与国际图联1972年公布的《公共图书馆宣言》中早就写明:“公共图书馆的大门需向社会上所有成员开放。”2002年国际图联(IFLA)颁布的《格达斯哥宣言》中也明确宣称:“不受限制地获取、传递信息是人类的基本权利,图书馆与信息服务机构应该为所有用户提供平等的服务。不允许有种族、国籍、性别、性取向、年龄、是否残疾、宗教信仰和政治信仰的歧视。”可以说,平等原则是图书馆信息服务最基本的原则。

世界近现代图书馆的历史实质上是图书馆逐步走向公共、公开、共享的发展史。图书馆实现公共、公开、共享的发展过程实质上是图书馆用户平等利用图书馆的权利逐步完善的过程。只有在图书馆用户能够充分享有平等利用图书馆权利的前提条件下,图书馆的信息服务才真正具有意义。

2.平等享有机会

平等原则不仅是国际组织在各种宣言、声明中大力倡导的原则,也是各国立法工作力求保障的原则。它作为图书馆信息服务的基本原则,是一种形式平等与实质平等相结合的内涵平等:一方面,图书馆应该保障用户平等利用图书馆的权利;另一方面,图书馆应该为所有图书馆用户提供平等利用图书馆的机会,不应有任何用户歧视。国际图联起草的《联合国教科文组织公共图书馆宣言》1994年修订版强调:“每一个人都有平等享受公共图书馆服务的权利,而不受年龄、种族、性别、宗教信仰、国籍、语言或社会地位的限制,向所有的人提供平等服务;还必须向由于种种原因不能利用其正常服务和资料的人,如语言上处于少数的人、残疾人或住院病人及在押犯人等提供特殊的服务和资料。”国际图联1999年制定的《图书馆与知识自由宣言》中指出:“图书馆应该平等地为所有用户提供信息、设备及服务,不允许种族信仰、性别、年龄歧视或任何其他形式的歧视。”这清楚地表明,图书馆服务的平等不仅要求形式上的平等,更要求实质上的平等;不仅要求杜绝歧视,更要求通过积极的服务,弥补用户自身能力的客观差异。

图书馆要保障用户享有平等利用图书馆的权利和机会,就必须坚持其公共性和公益性,否则就会背离人类社会的基本价值观和图书馆发展的方向。当然,图书馆平等原则的实现程度,注定会受到现实的制约,需要与经济发展程度相适应,与社会主流道德观念相适应,否则也会无法操作。

(二)开放原则

随着人类社会文明程度的提高,人们对图书馆的需求和科学技术的发展,图书馆从封闭到局部开放再到全面开放,经历了漫长的转变过程。开放服务已成为现代图书馆的重要特征。开放原则是图书馆的关键原则,是其他几项原则的基础平台,它体现的是现代图书馆服务的基本方向。它主要包括以下方面。

1.资源及设施的开放

图书馆开放原则的实质有三方面:一是,图书馆应该向用户开放所有的馆藏资源(包括实体馆藏和虚拟馆藏),用户可以自由地选择利用图书馆的资源;图书馆不应人为地划分用户等级,限制使用内容。二是,图书馆应该向用户开放所有的馆内设施,用户可以根据需要自由地选择利用图书馆的设施和场地;图书馆不应人为地划分区域,限制出入。三是为了切实实现图书馆的开放原则,图书馆应积极做好有关馆藏布局、设施利用、路径标引、新书报道等宣传工作,并建立健全检索查询体系,为用户自由利用全开放的图书馆创造条件。

2.时间的开放

图书馆应该最大限度地延长开馆时间,为用户利用图书馆的各项信息服务提供时间保证。应该学习发达国家的有益做法,努力做到节假日和公休日不闭馆,馆内开展任何公务活动不影响正常开馆,保证开馆时间的完整性或连续性。

现代图书馆在先进的计算机技术、网络通信技术的支持下,网上图书馆应该保证24小时不间断地全开放,使用户在任何时间都可以利用图书馆的信息资源。

3.人员的开放

公共图书馆应不分用户的国籍、种族、年龄、地位、向所有人开放。高校图书馆和专门类别的图书馆则应该在保证履行其特定职能的前提下,向社会用户开放。因为图书馆不仅仅是一个阅读场所,也是人们提高文化修养、欣赏水平和增长见识的场所,是具有综合功能的社会文化中心。图书馆能够向社会上所有的人开放无疑是现代图书馆最具魅力之处。

4.馆务公开

图书馆应该把涉及用户利用图书馆信息服务的有关制度、规定、决策等向用户公开。这是图书馆决策民主化的需要,也是图书馆信息服务取信于用户的需要。实行馆务公开要做好几方面工作:①制定馆务公开制度。对需要公开的事项时间、方式等做出明确规定,并使其制度化。②建立用户参与管理和决策的机制。凡是与用户利益相关的重大决策都应事先征求用户的意见,并尽可能地让用户直接参与决策过程。为此应设立"用户监督委员会"之类的非常设机构。③公开用户监督途径。如公开用户监督电话(首先应公开馆长电话)、设立书记信箱、用户意见箱、公布领导接待用户日等。④公开接受用户评价。图书馆信息服务工作的优劣主要应由用户来评价,用户是否满意是衡量图书馆信息服务工作质量的主要标准。

(三)人性化原则

"以人为本"一直是图书馆信息服务的基点,是现代图书馆信息服务的内在品质。人性化原则就是要以满足人的需要,实现人的价值,追求人的发展,充满人文关怀,体现美与和谐的形式来开展图书馆的各项活动。图书馆信息服务的人性化原则主要体现为环境的人性化,资源组织的人性化,技术、服务及设施的人性化,一切以方便用户利用图书馆为目的。

1.环境人性化

营造一个人性化的图书馆环境是提高图书馆信息服务质量的基础条件之一。图书馆环境包括图书馆的外部环境和内部环境。图书馆的外部环境主要指图书馆的馆舍位置、图书馆建筑设计和周围的自然环境布局。在网络条件下,图书馆与用户的距离问题已不那么重要,但是网络环境无论多么发达也不可能取代物理场所的图书馆。亲身到图书馆里享受恬静、舒适、典雅的惬意,是网络环境所不能提供的。因此,图书馆馆舍位置的选择应在客观条件允许的情况下,尽可能靠近其主流用户群,即以方便主流用户群为前提。美国学者索普通过调查研究得出结论:一个信息源在物理距离上越易接近,被利用的可能性越大。可见。图书馆的地理位置是否方便用户到达,是影响图书馆利用率的重要因素。

此外,图书馆建筑设计也是体现人性化原则的因素。如建筑结构合理,方便用户使用以及充满人文特色的外观等,都会营造一种浓郁的文化氛围,吸引用户前往。当然,图书馆周围和谐、自然而优美的环境布局也很重要。宁静、幽雅的环境能够让用户流连忘返。图书馆的内部环境需要具有亲和力的内部装修,清洁的功能设施,清新、和谐的色彩搭配等,为用户创造一个明快、幽雅、整洁的阅读环境,以达到用文化知识陶冶用户情操、净化用户心灵、感染用户情绪的目的。图书馆的家具设备也应体现人性化,如符合人体力学的阅览桌椅、方便用户取放书刊的书架及报架、配备小范围的研究室、设置方便的上网插口,以及为特殊用户设置无障碍通道等。总之,营造一个舒适便利、赏心悦目、充满人文关怀的人文环境,是图书馆提供信息服务的必备条件[①]。

2.资源组织人性化

图书馆是专事收集、组织文献信息资源,提供社会成员使用的社会组织。图书馆的资源组织方法应从人性化的角度,一切以方便用户使用为原则而组织。一般要遵循两个原则:一是文献保障原则。要根据图书馆的性质和任务及文献资源建设原则,全面收集和充分揭示文献信息资源。二是用户保障原则。要按照用户需求组织信息资源。即按照方便用户检索和利用的原则组织信息资源。如在馆藏资源的空间布局上最大限度地拉近用户与资源之间的时空距离。现在建设的新型图书馆在书库和阅览室的设计上多采用大开间格局,藏书和阅览同在一室,改变了封闭式的书库管理模式,采用藏、借、阅、咨一体化管理,以此缩短用户与藏书之间的空间距离;设立新书展示区域、新书到馆分编。加工后及时展现在用户面前,以此缩短用户与文献信息资源之间的时间距离;建立健全馆藏信息资源的检索查询系统,全面揭示馆藏,力争达到"一检即得"的效果。

3.技术及服务设施人性化

现代信息技术在改善服务条件,提高服务水平等方面发挥了巨大作用,但是技术不能决定一切,更不能代替一切。技术是受人控制并为人所用的,技术因素只有与人文因素有机地结合在一起,才能真正发挥作用。图书馆应该利用先进的技术为用户提供方便快捷的服务,如设计友好的网络用户界面、为用户提供个性化的信息推送服务、开展网络参考咨询服务等。服务设施的人性化体现在多个方面,如在图书馆的建筑格

---

①王丽君.大众传媒下的图书馆信息服务策略[J].新闻文化建设,2020(01):117-119.

局和家具摆设上充分考虑用户利用的方便性，采用大开间、灵活隔断的开放式格局，各阅览分区用适当高度的家具进行隔断，通透明亮，走进图书馆，各主题分区一目了然。还应专门为弱势群体提供方便。

如儿童阅览室一律配备低矮的阅览桌椅，以方便儿童的坐阅；本着“无障碍设计”的思想，对盲人、残疾人专门设置特别设施，提供特别服务，如轮椅通道、伤残用户接待室、专用电梯、阅览专座、专用厕所等，甚至提供楼梯扶手上的特殊触摸符号，提示盲人用户何处该转弯等。

4.服务人性化

图书馆信息服务的人性化包括服务理念的人性化，服务制度的人性化，服务行为的人性化和服务方式的人性化。在服务理念上应处处体现图书馆“为人找书，为书找人”的职业精神，以此构建图书馆的形象识别和概念识别体系；在服务制度的制定上应充分相信用户，尊重用户的人格，以激发用户心灵的真善美；在服务行为上应注重行为举止的文明礼貌，态度的亲切友善，避免使用生硬的语言；在服务方式上应灵活多样，以方便用户为目的，从细微处入手，千方百计减少对用户的限制，关注并满足个别用户的个别需求，甚至深入校区或街区设立分馆，或采取流动图书馆的做法，尽可能地让图书馆贴近用户。

（四）满意原则

满意原则是图书馆信息服务的核心原则或最高原则，用户满意是图书馆开展各项工作所得到的最好结果，是衡量图书馆信息服务质量的重要标准，也是现代图书馆信息服务的终极目标。目前测定图书馆用户满意程度尚无统一的标准，有的图书馆根据本馆设计的标准，采取向用户发调查问卷的方式进行用户满意度调查，也有以美国宾夕法尼亚州立大学的安达利和西蒙兹提出的测量用户满意度的五个命题作为标准的，即对图书馆资源质量的评价；对图书馆工作人员反应敏捷度的评价；对图书馆工作人员能力的评价；对图书馆工作人员道德行为的评价；对图书馆设施的评价。图书馆管理是以用户为导向建立的，以追求用户满意为基本精神，以社会和用户期待为理想目标的管理模式。

二、图书馆的信息服务模式

网络环境下图书馆的信息用户对图书馆的信息服务提出了更高的要

求，因此，图书馆必须在传统信息服务的内容和方式上不断创新和深化，以适应网络环境下信息服务业的发展需要。目前，在网络化和数字化背景下，国内外信息服务的主要模式有以下几种。

（一）用户驱动模式

用户驱动模式，即以用户需求定服务的模式。在设计建构图书馆的网络信息服务模式过程中，始终遵循以用户的信息需求为中心，以用户的行为习惯为栏目参照，以层次信息产品为提供对象，针对性地集成各类文献信息资源，驱动图书馆数字化、网络化信息服务模式构架的建设。这是为了从呈现图书馆自身丰富的资源为主，转向支持用户方便检索集成资源为主；从按照图书馆的资源与机构分类组织为主，转向按照用户习惯方式提供服务为主；从按照统一化系统进行服务为主，转向按照用户需要分拆服务并嵌接到用户服务流程中为主。从而达到按照用户的使用习惯和能力，通过最简洁的流程，采用最容易的方式满足用户信息需求的目的。

用户驱动的服务模式特别注重用户的需求层次。心理学认为，人的需要是从低级需要逐步向高级需要发展的。用户对信息的需求也是同样，首先是对求知的需要，包括学习、增长见识、积累知识等，发展到释疑的需要，包括解决学习，生活和工作中的疑难问题等，再发展到较高层次的需要，如进行科学研究、攻克技术难关、开展创造发明和做出科学决策等。用户对信息需求的层次性，决定着图书馆信息服务的层次化。图书馆要以用户信息需求层次的不断升级为驱动，适时调整和改变提供信息服务的层次性。

（二）用户中心模式

用户中心模式就是以服务用户为中心，以提高人的科学文化素质、思想道德修养，推动科技进步和社会发展为宗旨，建立个性化、互动性为主要特征的信息服务模式。这是人类社会发展观从以物为中心过渡到以人为中心的改变，是图书馆界日益高涨的人文关怀思潮涌动的结果，也是技术创新向图书馆价值回归的体现。

传统的图书馆信息服务以到馆服务为主，是被动的阵地式服务，面对层次不同、需求各异的用户均提供统一的适合各层次的一般性服务。在图书馆内部管理、馆藏布局、部门设置、工作流程及服务方式上都围绕方便地管理信息资源而设计,用户的需求得不到充分的尊重和满足。用户中心模式强调用户的主导地位和主观能动性,以计算机网络为平台,支持用户的“自助式服务”。这一服务模式鼓励用户在信息的检索和获取过程中充分发挥对信息的分析能力、鉴别能力和获取能力,图书馆馆员则将更多的时间和精力放在前期准备和幕后服务方面,担负起信息导航员的角色。他们的主要任务是帮助用户发现和掌握“能找到什么,怎样去找”的内在规律,协助用户发掘潜在信息和解难答疑。为此,图书馆必须针对不同的用户类型开展用户培训服务。

网络环境下图书馆的信息用户大致分为:①高层用户群,具有利用图书馆信息资源的明确目标,且能熟练使用计算机网络获取所需信息;②常规用户群,有应用要求,能基本掌握计算机网络应用技术以获取信息;③初级用户群,有利用图书馆的要求,刚开始尝试使用计算机网络的用户;④次初级用户群,有利用图书馆的要求,但对网络和计算机不太了解的用户。要真正使以用户为中心的服务模式运行良好,图书馆就必须高度重视并通过各种方式、培养、提高用户对信息的鉴别、筛选、分析、预测能力,使大多数用户能够有效地利用图书馆的信息服务。

(三)智能代理服务模式

智能代理是近年来人工智能、软件工程及信息服务领域研究的热点,其基本思想是通过拟人化软件(智能代理)提高信息服务的自动化水平和智能化水平。智能代理必须在用户提交的信息查询请求和对某主题信息的提供要求的基础上开展服务。它是针对用户明确的信息需求,运用智能代理技术,搜索某专业领域的信息资源,并按用户要求组织整理,再提供给用户的信息服务。它的工作流程是:用户通过图书馆主页链接到统一信息服务网络平台,启动图书馆发布的用户服务客户端页面(浏览器方式),提出服务请求。统一信息服务网络平台完成对用户合法身份的认证。用户服务智能代理按照用户请求调度服务组件并与用户需求绑定(建立一种引用方式),传递给数据存取智能代理。数据存取智能代理查找并定位文献,根据用户需求对数据进行整合、变换、排序、绑定或嵌入页面布局及数据显示代码,回送给用户。

智能代理服务具有优化用户提问,检索目的明确,服务自动化,智能化程度高，有利于深层数据挖掘和分析等优点，是网络环境下信息服务的重要模式。

（四）一站式服务模式

图书馆“一站式”服务模式是通过对图书馆资源的优化整合和相关部门的合理组织，为用户提供综合统一的服务平台，使用户的各种需求能够“一站式”，即在一个场所或一次性得到满足，用户在图书馆内能够享受到方便快捷、个性化、多元化的综合性优质服务。“一站式”服务最早起源于英国，它是一种商业服务理念。商家为了让消费者不再东奔西跑，把分散服务变为集中服务，使用户方便而快捷地在一个地方满足所有的消费需求。实践证明这是一种服务效益较高的服务模式。

图书馆的“一站式”服务模式需有两种设计，一是按学科专业将不同载体类型的文献资源集中陈列在一个场所（如一个书库或阅览室），使用户在查找某一学科专业文献时，可以从查询文献线索到获取文献原作全文的全过程都在这一场所完成。这是对图书馆将纸质文献与电子文献分离组织的传统方式的变革。二是指在网络条件下，使用户通过网络，能够一次性检索到多个相关的书目数据库，通过查询，一次性地获得从纸质型文献到电子型文献的各种原文信息，并且使这些所需要的文献信息能够以用户指定的方式，如邮寄、传真电子邮件等，借助馆际互借网络尽快送达用户手中。图书馆的“一站式”服务模式充分体现出“服务至上”“用户第一”的服务理念。

（五）中介性服务模式

网络环境下的中介性服务模式是指服务机构本身不直接生产和不收藏数据库产品，而是通过购买或授权许可使用他人的数据库产品或其他电子信息资源，直接提供（不经过加工处理）给用户的一种服务方式。它所起到的是信息中介作用。这种模式是网络条件下最常用的信息服务方式，它主要是通过数据库联机、数据库联机系统的终端检索、互联网信息检索等多种形式加以完成。这种形式极其有利于资源共享。

中介性信息服务经常采用的联机检索，是指联机检索者（最终用户或提供代检服务的联机检索中间机构）利用终端设备，通过远程通信线路，运用一些特定指令和检索策略，直接查询联机检索系统的数据库的过程。提供这种服务需要联机服务(检索)中间商在获得许可证的条件下,以一定的价格向数据库生产者购买数据库产品,装入自己的大型计算机系统,经过一定的数据转换并开发检索软件,向用户(中介性服务机构或个人)提供有偿的远程联机检索。

互联网信息检索服务也是中介性服务模式的重要内容,但这种服务的开展必须依靠专业化、智能化的搜索引擎支持。

第二章 图书馆的相关管理

第一节 现代图书馆行政管理

一、图书馆行政管理的内容及特点

(一)图书馆行政管理的内容

图书馆行政管理是图书馆整体管理的重要组成部分,是业务建设和读者工作的调控中枢,是全馆各项工作的重要保证。行政管理不同于业务工作,它涉及图书馆各方面的沟通与协调,并贯穿业务工作和行政工作中。在层级上,它以馆长为最高领导,由分管副馆长负责,办公室组织实施、操作,各中层领导参与。

图书馆行政管理,就是遵循图书馆的自身特点及其运作规律,通过管理者采取计划、组织、决策、指挥、控制、协调等行为,最合理地使用和最大限度地发挥图书馆的人力、财力、物力等资源的作用,以达到办馆的目标和获取最佳效益的过程。图书馆行政管理包括人力资源管理、经费管理、物业管理、公共关系、危机管理以及文书档案管理等内容。

1.图书馆组织设计

组织设计是图书馆业务工作开展的首要任务,它包括机构设置、权责划分、人员配置、经费分配等。图书馆组织设计主要包括三种情况:新建或新合并的高校图书馆需要进行组织结构设计;当图书馆原有组织结构不能适应现代信息服务需求,需要进行重新评价和设计;图书馆组织结构需要进行局部的调整和完善。

2.规章制度设计与管理

图书馆工作是集学术性、业务性、服务性于一体的复杂劳动。在图书馆组织设计初期就必须对各个组织结构建立具体的规章制度,使各层组织能够按照规范进行操作。同时,图书馆必须进行科学管理,根据图书馆自身工作的特点和发展规律依法治馆。好的规章制度是管理的有效工具，它不仅具有制约作用，同时还具有激励作用，并且它还能使职工在工作中有章可循，成为管理的重要依据，能使图书馆各项工作正常开展。此外，随着各种规章制度的不断完善，还可大大减轻日常管理工作压力，使馆领导有更多的精力和时间开拓工作新局面，处理重点、难点问题。总之，建立健全各项规章制度，对加强本馆的管理水平，提高职工队伍的整体素质和工作效率有着重要作用。

3.图书馆经费管理

由于图书、数字资源市场价格上涨，图书馆经费短缺成为图书馆的普遍问题，所以经费管理更加重要。图书馆经费主要包括三种：一是专项经费；二是通过信息服务活动创收等途径获得的经费；三是业务经费和办公经费。

专项经费以图书采购、设备投入、业务培训为主，这部分经费是图书馆改善办馆条件，增加信息资源投入的基础，应统筹兼顾、确保效益，既要保证购书，又要优先业务建设，对每年的经费都必须合理分配，全面安排。图书馆通过信息服务活动创收等途径获得的经费，主要用来改善馆员福利待遇，是体现二次分配公平的有效措施。福利性经费的管理要注意体现公平和兼顾效率原则。图书馆业务经费和办公经费，主要包括差旅费、办公用品费、行政设备维修等。业务费和行政管理经费伸缩性较强，要求有关领导严格管理。尽量做到增收节支，发挥最大效能。要建立良好的预算制度，严格执行，避免铺张浪费。

不管哪种经费的管理和使用都要求行政管理工作发挥主导作用，运用管理的手段使有限的财力最大限度地发挥作用。

4.图书馆设备管理

以计算机等为主的技术设施是图书馆的重要组成部分，它关系到图书馆各项工作的顺利完成，也影响着图书馆的建设与发展。图书馆设备管理的核心有两点：一是培养和配置专职设备管理员；二是保证设备的完好率和提高设备利用率。要对设备进行科学化、标准化、规范化管理[①]。

5.图书馆档案管理

图书馆档案管理主要包括上级文件收发存档、文书撰写与归档管理、

①张继明．新时期图书馆行政管理工作的分析[J]．才智，2019(30)：248-249.

图书馆及其工作人员在各项活动中产生的具有查考利用价值并归档保存起来的材料的管理。图书馆归档的材料分文书档案和业务档案两类，按载体材料划分主要包括印刷型的文字材料以及以电子文件形式存在的数字资源。

图书馆文书档案和业务档案一般由馆办公室集中统一管理，以维护它的完整性、真实性。图书馆应该责成专门人员负责文书档案管理，对各方面应归档的材料及时督促、检察、收集、鉴定、整理。

档案材料的立卷归档须按有关要求进行编制卷目、登记造册，并建立严格的阅读管理制度。对电子档案要建立严格的管理体系，按照不同的技术规范正确处理不同格式文档的存储及利用事宜，做好文档安全保护及备份工作。文书档案主要包括各级文件、规划总结数据统计资料、各种评定鉴定材料；业务档案则包括馆员的基本情况、学术研究成果、测评成绩等。

6.图书馆行政办公礼仪

图书馆行政办公礼仪是指图书馆员工在工作岗位上处理业务和管理日常事务时所要遵循的基本礼仪。遵守办公礼仪是图书馆员工服务育人、管理育人和教育育人的必然要求。图书馆办公礼仪包括服饰礼仪和工作礼仪。

图书馆工作人员在工作中应注意自己的仪表，着装规范，要简洁、大方，不穿着与公职人员身份不符的奇装异服。女性馆员应以淡妆为宜，男性馆员切忌留长发、剃光头，着装要注意以正装为主，不宜穿短裤、背心。工作礼仪是指在工作时间要遵守图书馆规定的作息时间，每天按时上下班，杜绝迟到、早退现象；在工作态度上应积极主动，工作期间要全神贯注，切忌在工作中上网聊天、打牌，玩忽职守，要培养良好的办公礼仪修养。

（二）图书馆行政管理的特点

1.权威性与灵活性相结合

图书馆行政管理的有效形式建立在其内部组织结构的上级权力与权威基础上，上级行政机构没有相应的权力和权威就不能下达命令、指示或规定等。权威性保证了政令畅通效果，使行政工作能够保持正常运转。灵活性是指它在与业务相结合的时候具有一定的变通原则，在不违反相关规定的同时能够灵活处理馆员之间以及与读者之间的关系。

2.图书馆行政管理的融合性

图书馆行政管理的主要目的在于通过有效的行政手段促进业务工作的正常进行。行政管理要充分利用和合理调配图书馆的人力、物力、财力、技术等资源，调动广大员工的积极性、主动性和创造性，圆满完成各项任务。

3.及时性

图书馆行政管理使用命令、指示等来调整人、财、物服务与业务工作，具有较强的针对性，同时又配合对违抗管理所采取的惩罚措施，能迅速发挥作用；而当通过经济手段进行管理或通过思想政治工作达到管理目的时，因为要有执行—回馈—调整—执行这些操作过程，时常出现滞后的状况，因此，图书馆在处理业务活动和人事管理活动或遇到突发事件及管理环境不稳定时，及时的行政管理就能发挥重大作用。

4.导向性

图书馆的导向管理十分重要，主要包括：①制度导向。虽然图书馆的基本特征相同，但外部环境、人员素质、设备状况、基础条件等差异很大，因此要根据自身条件和工作需求程度来确定导向措施。②行为导向。图书馆管理中最关键的问题是人员问题。工作的好坏，服务质量的高低，完全取决于人员的素质和工作态度。尽管每个图书馆都有强化的管理措施、严格的规章制度，但主动与被动、积极与消极会是两种工作效果。这就要求馆领导要有以情感人、以理服人、以身正人、以力助人的工作作风，营造一个宽松和谐的工作环境，使每个员工都能感受到组织的关怀和集体的温暖。

二、图书馆行政领导及办公室工作

图书馆行政领导是指在图书馆经选举或任命而享有法定权威的领导者，主要指图书馆馆长、副馆长，他们依法行使行政权力，为实现一定的行政目标进行组织、管理、决策、指挥等社会活动。

（一）行政领导者的地位与作用

一般来说，领导班子应该起到以下几个作用：为整个组织提供理想的、符合客观发展规律的努力方向；提供尽可能为下级各组织机构接受的战略和策略;消除各部门之间的矛盾和偏见。

图书馆行政管理工作质量的高低,关键在于馆领导班子能否坚持以身作则、按章办事、合理奖惩、勤以立业和协调协作等基本原则。图书馆行政管理工作涉及面广,其质量优劣、水平高低直接影响图书馆的建设与发展。有些行政管理工作又与职工的个人实际利益密切相关,如果没有图书馆领导班子的影响力与感召力,将难以按质按量完成任务。

一个优良的领导集团应由下面三种人组成:善于思考的人——处事深谋远虑;善于活动的人——从事各种难题的调解;善于分析的人——从事综合研究工作。还有的提出,一个领导集团应包括具有高超创造力的思想家、具有高度组织能力的组织专家和具有实干精神的实干家,以期达到在知识能力和实际经验上三者的有机结合。

(二)行政领导者的职责

图书馆行政领导者包括图书馆馆长、副馆长以及其他负责行政管理事务的干部。不同的图书馆管理机构都为图书馆馆长、副馆长进行了明确的职责设定,综合来说主要包括以下几个方面。

第一,馆长主持全馆日常业务行政管理工作,召开馆务会,检查工作落实措施,组织全馆人员按质按量完成任务,认真执行党和政府的方针、政策、法令和指示,制订图书馆发展规划、工作计划和设备购置计划,领导制定和修订图书馆各项规章制度、岗位职责和工作细则,并组织贯彻实施;合理安排图书馆各部门、各环节的工作;制订图书馆经费预算计划,掌握年度计划与经费开支。

第二,执行上级领导的决定,并负责定期向上级主管领导请示和汇报工作。

第三,负责全馆的专业人才队伍建设,按人才结构系统化、专业化的原则,组织安排培训、业务研究和专业进修、年度考核、职称评聘和实施奖惩等人事管理工作。

第四,积极促进开展科学研究和国内外图书情报学术交流活动,活跃本馆学术风气,不断提高工作人员的政治理论水平、文化水平和图书馆专业技能水平。

第五,努力推动新技术和先进科学管理方法在图书馆的应用,使各项业务工作标准化、规范化,领导规划和组织实施图书馆现代化发展进度,稳步推进图书馆自动化、网络化、数字化建设。

第六，负责图书馆卫生、治安保卫工作，并检查和指导各室执行情况，副馆长协助馆长工作。

（三）图书馆办公室工作

办公室在图书馆组织架构中处于中枢地位，是落实领导决策、沟通上下、联系左右工作，完成上级组织交办事务，保障全馆正常运行的重要部门。

1.图书馆办公室的主要职责

第一，具有全局意识，了解图书馆行业改革和上级任务在图书馆的执行情况，协同领导，负责同上级主管部门各职能处室，以及行业内业务单位之间的综合协调、对外联系以及馆内各部门之间的协调工作，做好领导的参谋和助手。

第二，在馆长领导下，充分吸取下层意见，协助馆领导起草、制定馆内各项规章制度，并负责监督规章制度的执行情况。

第三，做好文书档案和业务档案管理工作。要及时将文件呈阅有关领导，做好传达执行工作，并做好归档处理。根据规定做好员工考核定级工作，并准确统计和送报单位人事、劳动工资等方面的各项报表。做好图书馆的机要处理和保密工作，坚决杜绝失密事件的发生。

第四，负责年度工作计划、工作总结等报告的起草编写工作，参与图书馆馆务会议的组织，草拟会议纪要，做好记录等工作。

第五，严格按照国家有关规定，管理和使用图书馆的各种印章。

第六，按时完成馆领导交办的其他工作。

2.办公室行政管理的内容

（1）以业务工作为核心，树立行政服务意识

图书馆的核心工作是为读者或用户提供获取知识或信息的环境、服务和技术支持。业务工作是图书馆工作的主体，必须更新观念，扎实工作，加快图书馆的发展，并在发展中强化思想道德建设和行政服务意识。要加强工作的主动性，提高办事效率。

要有公平正直的工作态度。办公室负责馆内的经费管理、制度考核等具体工作，与馆员利益息息相关。办公室员工需要在具体工作中，维护图书馆的公正与正义，要具有全局意识和长远利益。不仅要提供局

部、阶段性的优质服务，而且对整体、全过程的服务质量负责。做到周到细致，有始有终。

(2)积极参与馆内行政管理工作，做好后勤服务

图书馆办公室工作非常烦琐，要注意做好以下工作：一是积极参与政务，当好领导的参谋，遇到全馆性的中心工作，要在领导决策前提供必要信息数据、资料和建议。二是在贯彻落实领导决定和图书馆中心工作时，做好组织协调和保障工作。要搜集、了解落实过程中的情况和意见，及时向领导反馈；应把决策决定落实情况，特别是效果，综合总结，向上级报告，有的还应向全馆人员通报，并处理好日常事务与突发事件。三是搞好后勤服务。后勤服务是图书馆办公室的工作内容之一，包括分发劳保用品、发放福利津贴等。

(3)加强管理，强化办公室的枢纽作用

图书馆的工作在管理上要实现从经验管理向科学管理转变。在模式上要实现从传统型向现代型转变，在服务上要实现从被动服务向主动服务转变，办公室要以全新的办馆观念指导实际工作，充分发挥办公室的枢纽作用。要强化参谋作用，这是办公室的重要职能，也是衡量办公室工作水平高低的重要标准。也就是说，办公室要能够发现问题，提出解决问题的办法和措施，要谋事在前。在听取各方面意见的基础上，善于抓住关键要害问题，积极主动出主意、想办法做好工作。围绕发挥枢纽作用，按照各自责任分工，抓好综合协调工作。既要做好工作协调，又要做好利益协调、感情协调，理顺上下左右的关系，调动各方面的积极性，既要客观公正，不偏不倚，又要讲究协调艺术；既要坚持原则，又要注意灵活性，做到位，不越位，服从不盲从，果断不武断，求和不附和，摆正自身位置，正确处理对上对下和对内对外的关系。

(4)提高办公室工作人员的政治素质和业务素质

要不断提高自身的政治素质和业务素质，要有着眼全局、把握全局、服从全局的意识，要确立全心全意为人民服务的观念，要有爱岗敬业、无私奉献的主人翁精神，养成一种求是务实、注重实效、认真负责、一丝不苟的作风；要加强政治理论学习，提高政治思想工作水平；要积极学习业务知识，做通才馆员；要培养自觉学习的良好习惯；要加强行政行为形象的自我塑造。行政管理人员必须加强行政行为形象的自我塑造，不断提

升管理能力和提高管理水平;要坚持原则,敢于按程序实施行政行为,坚持正义,秉公行事。要带头服从管理,做到执法者首先要守法,管理者首先要服管,只有这样,说话才有分量,号召才有力量,才能把管理工作做好。

第二节 现代图书馆的知识管理

进入21世纪以来,世界经济的发展已经步入了知识经济时代,社会经济的发展越来越依靠知识创新型经济增长模式,知识成为社会经济发展的第一要素。知识在经济、科技与社会发展中的重要作用得到社会各界的普遍关注,人们纷纷开始重视知识价值的发挥,注重知识的开发与管理,由此,知识管理应运而生。知识管理的出现带来了现代管理的变革,标志着管理的革命。知识管理的思想源于社会经济发展中知识的重要作用,在信息管理概念基础上产生的知识管理是一个新的学术领域。

知识管理是知识经济时代的一种全新的管理。它是人类管理史上自19世纪末20世纪初泰勒科学管理模式以来的一次最伟大而深刻的革命,是信息化和知识化浪潮的产物。知识管理产生于知识型企业的管理实践并已得到了成功的验证,正在成为世界范围内企业管理的新趋势。图书馆作为知识的宝库,有必要及时研究和借鉴知识管理的经验,不断改进现有工作,与时代前进的步伐保持一致。

一、图书馆知识管理的任务与原则

(一)图书馆知识管理的任务

图书馆知识管理是现代化信息技术下的一种新型的图书馆管理理念和工作方法。图书馆知识管理的任务具有明显的时代特征。图书馆知识管理的任务,就是要通过提高图书馆员的工作积极性,不断开发和利用图书馆文献中的知识与信息,致力于推进这两类知识的创新、挖掘、整合与共享,促使其充分发挥科学研究、教育教学与社会服务等方面的综合效益。

图书馆知识管理的任务具体包括以下方面:①合理组织与利用以知

识资源为主的图书馆各种资源(包括物质资源、技术资源、人力资源、知识资源与组织资源),使之充分发挥作用;②促进图书馆内部员工知识发展,包括隐性知识与显性知识的交流、共享与利用,拓展图书馆知识资本;③构建知识型、学习型组织以优化工作效率;④加强人力资源、人本资源管理以提高工作效率;⑤营造创新型图书馆文化,塑造图书馆知识管理环境;⑥拓展知识服务以提高服务层次和水平;⑦评价图书馆知识管理实践以改善知识管理水平和效率。

图书馆知识管理是图书馆工作的新理念和新实践,有许多理论问题需要研究,有许多方法技术问题需要探讨,有许多实践经验问题需要总结。随着图书馆知识管理理论和实践的不断发展,一定会推动图书馆学的理论和实践的不断创新,不断发展。

(二)图书馆知识管理基本原则

1.开放性原则

要建立一个开放的图书馆知识管理平台,让所有成员能把自己的新知识添加到知识管理平台中去,同时也吸收和利用外部知识、丰富图书馆的知识库。

2.共享性原则

知识管理的一个重要任务,就是要建立知识的共享网络,即数据库和知识库,从而在技术上给知识的共享提供一个支撑平台。当图书馆成员间的知识得到共享时,图书馆的知识存量将成倍地增长。并且由于知识的共享是一个过程,需要转让者和接受者共同参与,成员在转让知识的过程中,能使自己的知识得以深化,或者获得一些新的知识。当员工能及时分享和运用知识,继而就能创造新的知识,最终使组织取得绩效,获得竞争优势。建立在知识共享的原则上,我们需要为知识共享搭建基础平台,如建立图书馆知识管理系统,创建学习型组织,使图书馆成为学习资源中心,创建知识共享的组织文化,营造知识共享的环境与氛围,建立知识共享的激励机制,促进员工参与知识共享。

3.层次性原则

图书馆知识管理可分为三个层次:一是信息管理,即对信息的收集、整理、贮存、查找和利用的过程;二是对知识的管理,即包括对读者的知识加以识别、获取、分解、储存、传递、共享、创造、价值评判和保护,并使这些知识资本化和产品化的过程；三是对图书馆知识资本的管理，也就是对图书馆人力资本、市场资本、结构资本和知识产权资本的管理。

4. 发掘性原则

图书馆应该认识到知识在图书馆产品及其服务的价值创造中所具有关键作用，图书馆需要明确知识的价值，并将其挖掘出来。网络环境下的图书馆知识管理工作的着眼点，应该是充分发掘优势潜力，向读者提供各种形式的信息资源服务。以图书馆丰富的馆藏与网络资源为基础，以图书馆专业人员的知识信息服务能力为依托，提供满足读者特定需求的某一具体信息和内容的服务。

5. 增值性原则

由于知识具有收益递增的特性，图书馆员工通过知识共享，可以分享个人的知识和经验，减少团队的学习时间，实现知识价值的增值与功能放大。知识管理中学习是核心。个人与组织是一个双学习系统，个体通过学习不断获取新思想，并将知识用于行为的改善。组织和团体通过学习形成人才梯队，激发群体智慧，人员交流渠道畅通。个体、团体和组织相互间与个体间、团体间和组织间开展多向的交互学习模式，它们相互促进工作与学习，良好互动，最终创造学习型组织来保证对知识资本的管理。

6. 参与性原则

知识管理强调的是“人人被管理，人人皆管理”的管理思想，即强调组织成员都要参与到组织管理中来。我们要培养馆员参与图书馆知识管理的积极性，鼓励馆员参与知识管理的各个环节，并善于发现他人的思维价值，要使馆员意识到自己所从事的工作是图书馆整个知识管理过程中不可或缺的一环，以此来激发馆员参与的积极性。

个体参与原则，既体现了管理者对馆员的尊重，又可以锻炼馆员的思维能力，并在组织中建立集体智慧的动力机制，使管理人员能够更好地决策，并使更多的馆员主动配合决策的执行；同时，联系读者、服务读者是图书馆存在的基础，得到反馈，发现需求，又使图书馆不断调整发展的方向。

图书馆可实施以下举措加强与读者的交流，进行读者调查：一是图书馆在做出重大决策或推出服务新举措之前，做相应的读者调查，根据民意来判断改革是否可行；二是在进行调查的各种活动中，加强图书馆与读者间的互动，扩大图书馆的社会影响，这将有助于服务推广活动的顺利进行。

7. 协作性原则

基于知识共享性，图书馆团队间的协作活动变得非常重要。团队协作能真正将知识资本挖掘出来并加以形式化和资本化。因为只有在知识得到共享之后，知识才与图书馆员的个人知识相对独立。只有在此时，才能说明图书馆对知识有了更大的所有权。此时，当某个图书馆员离开图书馆时，他们的知识才会留存在图书馆中。

8. 创新性原则

创新是知识管理的灵魂，图书馆知识管理要突出创新原则。图书馆要用创新性原则来实施知识管理策略。也就是说，要用知识创新的观点来构建图书馆知识管理理论，并加强其组织建设、制度建设与文化建设。图书馆通过知识管理，实现组织与文化的创新，建立学习型图书馆，充分发挥用户的主观能动性，激活人的潜在能力，促进知识的不断再生与创新，实现主动学习的信息获取机制。

二、现代图书馆知识管理的内容

关于图书馆知识管理的内容，不同的学者从不同的研究视角出发，提出不同的观点。综合一些学者的观点，我们认为，图书馆知识管理的重要内容可分为显性知识的管理和隐性知识的管理。显性知识的管理包括显性知识编码化、显性知识组织、显性知识综合化、显性知识的转化与创新、馆藏资源数字化、知识资源库的建立、知识地图的开发、知识资源共享等。隐性知识的管理则以用户和馆员为主体，着重考虑图书馆文化、人力资源管理。图书馆知识管理的主要内容应包括以下几个方面。

（一）图书馆知识活动管理

知识活动是指知识的采集、整理、共享、交流、利用等过程。知识作为图书馆的重要资产，它的一个重要特征在于它一直处于动态变化中，在动态变化中实现自身的更新和增值。知识的动态变化，是通过一系列知识活动实现的。知识活动管理，侧重于对知识的动态变化过程的管理。在时间维度上，知识会经历一个从诞生到消亡的过程，表现为知识的生命周期。一般来说,知识的生命周期会经历以下几个阶段:①收集。收集有可能形成知识的数据、信息等素材。②整理。对素材进行整理加工,从而形成知识。③审核。对初步的知识进行审核,形成正式的、可发布的知识。④发布。通过各种渠道把知识发布出去。⑤利用。知识被用户和馆员访问并加以利用。⑥更新。知识在使用过程中不断得以改进和更新。⑦淘汰。过时的知识被逐渐淘汰。

管理知识活动,就是要注意检查和监控知识生命周期中的各个步骤、环节,了解各个环节的执行情况,查找其中存在的问题,并加以解决,从而使各项知识活动都能够顺利进行。

(二)图书馆内部知识的交流、创新与共享

只有经过交流,知识才能得到发展;也只有通过共享,才可能产生新的知识。对一个组织来说,创新是竞争优势之源,而创新本身归根到底是一种新知识的创造,也是组织知识资源的一种积累。因此,在图书馆内各个部门以及各个员工之间,在内部与外部之间,都必须加强知识的交流与共享,否则就不可能实现创新。要建立图书馆内部信息网以便于员工进行知识交流,利用各种知识数据库、专利数据库存放和积累信息,从而在馆内营造有利于员工生成、交流和验证知识的宽松环境,并制定激励政策鼓励员工进行知识交流,通过放松对员工在知识应用方面的控制,鼓励员工在馆内进行个人创业来促进知识的生成[①]。

随着技术的不断发展,图书馆面对的市场竞争也日趋激烈。在知识经济时代的市场竞争中,知识是竞争力之源。图书馆要想立于不败之地,就必须拥有比别人领先一步的知识产品、技术或管理优势,而这些优势必然源于以创新为目的的知识生产。无论是什么知识,只要是先人一步掌握,就可能给创新带来极大的便利与可能,甚至带来巨大的利润。因此,创造适宜的环境与条件,充分开发和有效利用图书馆的知识资源,进行以创新为目的的知识生产,是知识管理的一项重要内容。

(三)知识的积累及知识资源融合

图书馆的知识资源是创新的源泉。因此,图书馆要使创新不断进行就必须积累和扩大自己的知识资源。这种知识积累又不能仅仅依靠图

①李美琼. 图书馆管理中知识管理的创新[J]. 现代营销(信息版),2019(06):166.

书馆自身知识的生产，因为这是很有限的，所以必须注重从外部获取相应的知识，并进行消化吸收，成为图书馆自己的资源。供应商、用户和竞争对手等利益相关的动向报告，专家及用户的意见，员工情报，报告系统的信息，行业领先者的最佳实践调查等，都可以成为外部知识的来源。

知识管理的直接目的是创新，使图书馆赢得持久竞争力。创新是使图书馆的知识资源转化为新产品、新服务、新的组织管理方式等，因此，创新离不开知识资源与知识产品或服务及其生产过程和管理过程的融合。所以，知识管理的一个重要内容，就是要明确图书馆在一段时间内所需的知识以及开发的方式和途径，贯彻相应的开发和利用战略，保证图书馆的知识生产和知识资源的积累与扩大，以及产品、服务、生产过程和管理过程紧密结合。

（四）图书馆文化、知识资本管理与人力资源

图书馆文化的形成主要包括：调查知识在员工中的分布情况；评估馆内知识，发现知识差距，通过招聘新员工和培训加以解决；设计员工工作岗位，使知识活动与具体业务有机结合；建立实践社区，为员工提供良好的交流与学习环境；衡量员工的知识贡献，激励员工贡献知识。

知识资本主要包括四个方面：市场资产（来自用户关系的知识资产）、知识产权资产（纳入法律保护的知识资产）、人力资产（知识资产的主要载体）、基础结构资产（组织的潜在价值）。图书馆的知识资本包括知识产品、知识服务、知识型员工、组织文化和馆藏资源。

人力资源管理是知识管理的重要内容。显性知识管理主要依靠强大的信息技术手段。目前的信息技术所取得的进展，也确实为显性知识的管理提供了强大的工具，比如知识门户、文档管理、搜索引擎等。知识活动的管理，既需要管理制度，也需要信息技术提供支援。现代知识管理系统和工具提供了大量诸如统计分析的功能，来帮助进行知识活动的管理。对于员工的管理，则主要依赖人力资源管理手段。

三、图书馆知识管理基本方法

目前，比较适宜的知识管理方法，主要有目标管理方法、科学管理方法和全面质量管理方法几种。

(一)目标管理方法

1954年,美国管理学家德鲁克第一次提出目标管理后,不仅在理论上得到迅速发展、完善和系统化,而且在实践上得到广泛推广和应用。20世纪80年代中期,“定额管理”被引入图书馆。从此以后,目标管理开始在我国图书馆领域得到广泛应用。

图书馆目标管理,是在重视成果的思想指导下,图书馆主管人员与下属人员共同选定一定时期的共同目标,即制定方针,层层分析目标,落实措施,安排进度,具体实施,取得成果,严格考核与评价图书馆内部自我控制和自主管理并达到管理目标的一种科学管理方法。

图书馆实施目标管理遵循的基本原则有以下内容:①激励原则。即通过建立激励机制,促进部门与员工更好地完成目标所规定的各项任务。②竞争与协作相统一的原则。即一方面要激发部门与员工的竞争意识与行为,另一方面强调发挥图书馆的整体效用与相互协作。③统一指挥与参与管理相结合的原则。即要求图书馆目标管理在实施过程中有统一领导,建立起严格的责任制,消除多头领导和无人负责的现象;也要求员工积极参与图书馆的各项工作,以实现各项管理目标。④权力与责任对等的原则。即要求员工在行使岗位职权时,必须履行相应的岗位职责。

图书馆目标管理的过程,一般包括目标制定、目标实施、目标评价三个阶段。图书馆知识管理,对图书馆目标管理的创新如下:知识管理方法强调“以人为本”,尊重员工的作用和重视员工本身的发展,强调运用人本管理思想来加强对员工的管理,以柔性管理方式取代目标管理中的硬性管理,使员工的工作热情与创新精神能够得到最大限度的释放。知识管理通过建立灵活的扁平化组织——知识型团队来弱化等级,注重平等参与,在图书馆内营造一种平等竞争的气氛,充分发挥人的积极性和创造性。知识管理还通过营造一种知识共享文化,形成一个能够让知识自由流动的环境,这样就可协调图书馆各部门的工作任务和员工间的关系,使图书馆成为一种学习型组织,从而促进知识共享和知识创新。

(二)科学管理方法

20世纪80年代初,科学管理成为国内图书馆界研究的热点问题。从1981年教育部制定的《中华人民共和国高等学校图书馆工作条例》到

2002年颁发的《普通高等学校图书馆规程(修订)》都规定高等学校图书馆应实行科学管理。《图书馆学基础》中指出:图书馆的科学管理,是指图书馆工作和图书馆事业达到计划性、合理化、规格化的要求,并具有先进水平的一种组织活动。

图书馆的科学管理包括三方面内容:①图书馆科学管理的范围,包括图书馆工作组织和图书馆事业组织;②图书馆科学管理工作,可划分为行政管理、业务管理、设备管理、干部管理等;③图书馆管理工作的内容,包括计划、组织管理、规章制度、统计、标准化以及分工协调等。

图书馆科学管理,应遵循集中统一原则、民主管理原则、计划管理原则、经济效果原则和责任制原则。知识管理是对图书馆科学管理的创新,知识管理继承了科学管理。主要表现在以下方面。

第一,强调"以人为本"。与泰勒的观点不谋而合。泰勒指出,管理人员的责任,一方面是细致研究每一个工人的性格、脾气和工作表现,找出他们的能力;另一更重要的方面,是发现每一个工人发展的潜能,并且逐步地系统地训练、帮助和指导每一个工人,为他们提供上进的机会。

第二,强调和谐合作。泰勒认为,劳资双方雇主与雇员之间亲密友好的关系是科学管理的前提,与知识管理提倡的知识共享是不谋而合的。

第三,强调对人的激励。泰勒认为,为了调动工人的积极性,既要考虑工人物质方面的需要,实行刺激性的工资制度,也要考虑工人心理方面的需要,真心实意地关心下属的福利待遇。这与知识管理的激励机制有相同之处。

第四,知识管理发展了科学管理。具体包括以下四点:①创新精神的发展。知识管理把创新作为自己的灵魂与主旋律,从内容与功能上更加强调了创新的作用。②组织结构的创新。知识管理从便于组织知识交流与共享入手,通过引进组织学习、建立学习型组织,实现组织结构的创新。③"知识观"的发展。知识管理不仅把知识作为组织战略资产来进行管理,而且以知识为核心来设计组织结构、建设组织文化、构建组织核心能力,从而发展了科学管理的"知识观"。④"学习观"的发展。知识管理把学习作为创新的源泉动力,积极推广与实施组织学习。这种组织学习，是组织全体成员在组织运行过程中通过实践、互动和创新来进行的团体学习，它超越了组织内部个人学习的简单相加。在这里，组织成员通过共同的观察、评价并采取一致的行动，来迎接组织面临的挑战。因此，知识管理发展了科学管理中的“学习观”。

（三）全面质量管理方法

全面质量管理源于美国。费根堡姆博士1961年出版的《全面质量管理》最先提出全面质量管理的概念。所谓全面质量管理，是一个组织以质量为中心，以全员参与为基础，目的在于通过让顾客满意和本组织所有成员及社会受益而达到长期成功的管理途径。20世纪90年代，全面质量管理成为国外图书馆界的一个研究热点。1998年以后，国内有关图书馆全面质量管理的研究日益增多。

图书馆全面质量管理，是图书馆为保证和提高信息服务质量，动员图书馆的各个部门和全体员工，综合运用管理技术、专业技术、思想教育、经济手段和科学方法，建立健全服务质量保证体系，对服务的全过程实行有效控制，从而经济地开发、设计、生产和提供用户满意的信息产品与信息服务，做到最适质量、最低消耗、最优生产和最佳服务，最终实现不断提高服务质量的目标。约翰森认为，全面质量管理本质上是一种密集型信息管理。图书馆知识管理，在管理对象、管理方式和管理技术上都有所拓展。第一，在管理对象上，图书馆知识管理更重视对员工的管理，特别是员工隐性知识的管理，以提升图书馆的核心能力。第二，在管理方式上，图书馆知识管理，可以将信息管理和协同合作紧密结合起来，将个人知识（隐性知识）转化为集体知识（显性知识），并把新的显性知识传递给员工，使这种显性知识再被其他员工吸收，成为指导个人行为的新的隐性知识。第三，在管理技术上，图书馆知识管理深化了对包括计算机技术、通信技术等先进信息技术的运用，充分利用数据仓库、数据挖掘、人工智能技术，获取信息中隐含的知识；广泛利用大型数据库技术、新型检索技术、搜索引擎、智能代理、网络技术、群件技术，来保证知识的存贮、传播和共享。

知识管理方法与全面质量管理方法也有许多相似之处。如全面质量管理强调图书馆员工的“全员参与”,这与图书馆知识管理倡导的知识共享有相同之处。全面质量管理对员工的培训很重视,认为只有提高员工的技能,才能生产高质量的产品,这与知识管理重视学习一样。知识管理把学习看作创新的动力与源泉。只有不断加强个人学习与组织学习,图书馆才能提供卓越的知识服务。全面质量管理要求实现“持续改进”,在发现问题、解决问题的过程中不断提高产品和服务质量。总之,知识管理方法发展了全面质量管理方法。

第三节　现代图书馆文献信息资源管理

一、现代图书馆文献的信息职能

目前,图书馆的馆藏文献仍以纸质文献为主,同时缩微技术、声像技术、计算机技术、数字技术、网络技术也得到了较为广泛的应用。计算机技术、数字技术、网络技术自20世纪80年代以来在图书馆的应用发展也很快。美国学者兰开斯特教授指出,不管我们是否喜欢,“无纸社会”正在迅速逼近;然而,纸质载体将长期存在。随着科技的发展,新型文献载体一旦具备了纸质文献载体的全部优点,纸质载体或许会像甲骨、竹简等那样自动退出历史舞台。并且纸质载体是人们使用最长久、最广泛的信息载体,人们长期以来形成的阅读习惯一时也难以改变,因此,纸质载体依然是图书馆多种载体文献的主流,将长期与新型文献载体并存。

现代文献信息向综合性多功能信息转变。从古代藏书楼到近代图书馆演变的过程,其实就是图书馆的信息化程度逐步增强的过程。从传统的秘不示人到对外开放,是一次突破性的进步。当信息时代到来的时候,近代图书馆必须具备更强的信息功能,更加信息化。因此,现代图书馆越来越倾向于向综合性多功能信息化的方向发展。

第一,收藏与整序职能是现代图书馆仍具有的基本职能,但含义有所改变。在收藏职能下,图书馆已形成了庞大的以纸质文献为主的资源体系,并且尽最大努力收集各类文献,不断扩大馆藏数量,这几乎是所有图书馆长期不变的生存与发展模式。整序则是对所采购的文献在馆内进行登记、分类、编目、排序等工作。对于现代图书馆来说,馆藏的概念和质量都有所不同了,馆藏的内容除了纸质文献外,更多的是新型载体的文献,以便节省空间,也包括丰富的网络信息资源。馆藏不是由数量多少和规模大小决定,而是取决于对联机数据库和网络信息存取速度与存取质量以及用户满意度。整序职能除了原有的馆内资源整序,还承担着网络信息整序的工作,而且将越来越侧重于后者。

第二,网络信息职能是传统图书馆以向读者提供文献为己任,它所处理的对象是文献,对传统图书馆来说,文献借阅的册数和读者到馆的人次,是衡量一个图书馆服务效益好坏的重要标志。然而今天现代图书馆的服务职能是使读者在最短时间内能最有效地获取他们所需的信息。因此,信息的可存取性和参考咨询工作的质量已成为衡量图书馆服务效益的重要指标。加强信息开发,发展信息产业化成为图书馆发展的主要目标。

二、图书馆文献信息资源管理

信息用户对信息的需求是图书馆信息服务工作的对象和依据,用户在利用网络信息资源时,如何采取科学有效的方法和手段对各种信息资源进行筛选和整理,进行深层次的利用,是图书馆所面临的最艰巨的任务。

(一)网络信息资源建设

1.特色馆藏数据库建设

馆藏资源数字化,是图书馆建设的基础性工作。其中主要包括对普通馆藏,如图书文献、期刊文献、电子文献等目录信息的数字化。学术信息实用性强、价值高、专业性强、利用率高的特色文献数字化应用于学位论文库和国别报告库等。

2.随书光盘数据库的建设

近年来,图书馆采购的图书中含光盘的数量大量增加,尤其是计算机方面的图书,90%以上附有光盘。随书光盘已经成为现代图书馆又一重要信息资源,成为广大读者获取信息知识的新途径。但随书光盘占用的储藏空间大,储藏条件要求高,且容易损坏,不易保管。图书馆可通过计算机技术把光盘转换成电脑可识别的数字化资料，储存在电脑网络服务器上，构成具有馆藏特色的随书光盘数据库。

3.学位论文数据库的建设

学位论文具有较高的学术价值和一定的独创成果，是宝贵的学术信息资源。例如，清华同方的博硕士论文库、CALIS的博硕士论文数据库的建设，经过多年的积累也已经达到了一定的规模。一方面有原有纸质学位论文的镜像数据库；另一方面有电子版学位论文的系统转化数据库。同时可以利用与CALIS学位论文数据库建立链接，自建学位论文数据库。

4.网络导航系统的建立

网络导航系统就是把互联网上有关国内外某一学科或主题范畴的各类信息资源，采用实效的方法进行搜集，对大量分散的信息资源进行合理整理和重组，从逻辑上将有关信息联合起来，形成信息集成系统，提供给用户查找和使用①。

5.学科导航系统的建立

学科导航是对提供某一学科各类网络信息资源的站点和网页的链接。学科导航虽然类似于搜索引擎，但是在查询有关学科的具体内容信息时要优于搜索引擎。专业学科资源导航系统的建设对于研究人员来说十分必要。

6.加强虚拟馆藏

虚拟图书馆是以计算机为基本信息载体，以互联网为传播介质，将网上信息资源汇集起来。数字图书馆的信息资源不仅包括实体馆藏，而且大多数信息的获取都来自虚拟馆藏。在开发利用时，要从用户的需求出发，搜集、整理优秀网站，有鉴别地加以选择和利用，不仅要选用对用户具有学术性、权威性、可信度高的免费数据库，而且要根据本馆的馆藏特点进行合理的利用。开发和利用网络上免费数据库对于研究者来说十分重要，加强虚拟馆藏建设是图书馆根据用户需求进行的知识信息资源开发、利用、组织和管理的必要工作。

（二）书目数据库的建设

图书馆计算机管理集成系统的建立，必须以馆藏书目为基础。因此，

①张荣．网络信息化环境下的图书馆文献信息资源管理[J]．晋中学院学报，2017，34(02)：103-105．

大量书目信息的回溯建库则成为图书馆自动化建设过程中第一步，初步实现了系统的公共检索、馆际互借、文献传递、协调采购、联机合作编目等功能，基本建成了书目数据库保障体系的框架。大中型图书馆的机读书目信息资源已有相当程度的积累，为文献信息资源的共建共享奠定了一定的基础。

网络信息资源的特点可以概括为：网络信息资源是以网络为传播媒介信息系统的集合体。在网络时代，信息的存在是以网络为载体，以虚拟化的状态展示给用户，读者可以在网络上获得信息，而且信息资源极为丰富，覆盖面广。网络资源有多种的信息类型和众多的表现形式，包括电子出版物、书目信息库、各种软件资源，还有大量即时动态信息，除保留传统文献文本信息、图表、图形外，还增加图像、声音、动画等多媒体信息，存储信息数字化，传递速度快。信息资源由纸张上的文字变为磁性介质上的电磁信号或者光介质上的信息，使信息的存储、传递和查询更加方便，而且所存储的信息密度高，容量大，可以通过信息网络进行远距离快速传送。

（三）图书馆网络环境下用户信息需求

以计算机、通信、网络为核心的现代信息技术，形成了互联网和数字图书馆相互联系的崭新的信息环境，它带来了信息资源的多元化及获取信息手段的多样性。网络环境下的学术研究人员，其信息需求有以下特点。

1.信息源多样化

现代信息技术的发展打破了传统图书馆印刷型馆藏文献一统天下的格局，电子图书、电子期刊、全文数据库、录音录像制品、网络资源等对信息用户的吸引力日益显现。信息网络的建设发展，为信息用户提供了广泛的资源获取途径，也使信息的涵盖范围更加广泛。图书馆应不断加大馆藏的数字资源比重以满足用户对信息的多元化需求。

2.服务形式多样化

数字资源的快速增长使读者不必到馆即能获取信息资源。资源载体和信息获取途径的多样化，用户对图书馆服务形式也呈现出多样化的要求，联机检索、FAQ、全文传递、信息推送、定制服务、网络导航、虚拟参考咨询等服务形式正在成为图书馆服务的常见形式。

3.服务手段集成化

现代图书馆有必要按学科组织信息单元来实现信息资源的集成化管理,用户也迫切地需要图书馆提供一站式的集成化信息服务。

4.服务时效要求高

现代生活节奏加快,网络环境下信息的快捷传递成为可能,这就使得用户对信息服务的时效有了更高的要求。面对网络环境下的用户信息需求,图书馆要在管理体制、技术设施、馆藏布局、服务手段、人员配备等方面不断改进,为包括学术研究人员在内的各类用户获取知识和提供满意信息的服务。

(四)图书馆实现文献资源共建共享

文献资源共建共享是信息化发展的必然趋势,是图书馆在信息时代满足读者需求,体现图书馆为用户服务的理念。

图书馆要建立和完善计算机管理系统,要引进、配置先进的现代化设备,利用光盘、局域网和互联网检索方式,将信息资料搜集、整理,高密度储存在载体上,实现信息系统的微机化、通信网络的自动化管理,努力实现与其他馆的信息网络系统的链接,推动图书馆向数字化、网络化发展。要实现全方位的文献信息资源共享,一方面要增加文献资源经费投入;另一方面要在管理体制和资源配置方式上进行改革,成立专门的数据库建设指导机构,要紧密协作,统一规划,整体建设文献信息保障系统,加强文献数字化建设。

各馆应在协作的基础上,建立特色馆藏,在书目文献数字化建设的同时,加强重点专业和重点学科文献的全文数据库建设,向信息互联网提供体现自己馆藏特色的文献。实现文献资源优势互补,信息资源属各成员馆共有,共同参与建设,共同分享所有资源。

第四节 图书馆参考咨询服务管理

参考咨询服务是现代图书馆建设的一个重要组成部分,是数字图书馆公共服务的一个方面。它通过网络,利用图书馆资源和服务对象进行各类咨询活动,用户获取信息和知识不受时间和空间限制。在图书馆发展过程中,咨询服务经历了被动服务阶段、静态服务阶段、动态服务阶段、参考馆员主动服务阶段。传统的参考咨询模式、服务手段与思维方式,在网络环境下正在发生着深刻变化,虚拟咨询、学科馆员制度、个性化咨询服务层出不穷。图书馆咨询系统平台的组成是传统参考咨询在网络环境下的延伸与发展。

一、参考咨询服务概述

(一)参考咨询服务的定义、特点及内容

1.图书馆参考咨询服务的定义

图书馆参考咨询服务,也称虚拟化参考服务,电子参考服务,在线参考服务,是一种以人力资源为媒介,基于Internet的各种信息交流手段的人工协调的提问—问答服务。核心是一种分布式信息网络中具有特定知识和技能的咨询专家对用户的个性化服务。数字化咨询是以数字化文献为基础,以计算机、网络检索为主要方式,通过网络,利用图书馆资源和服务的一切用户为对象而进行的各类咨询活动。数字化参考咨询服务是图书馆建设的一个重要组成部分,是数字图书馆公共服务的一个方面。

网络环境下,用户需要的是一种不受时间和空间限制的、能够方便获取包括数字资源在内的各种信息和知识技术的个性化服务。传统的参考咨询服务受到时间和空间的限制,不能满足用户个性化信息服务的要求。而数字化参考咨询服务以多层次、主动化、个性化、高质量、全程式的服务最大限度地满足用户信息需求,有效地弥补了传统图书馆服务方式的局限性,拓宽了图书馆服务的用户对象,发挥了各种数字资源的潜在使用价值。

2.图书馆参考咨询服务的特点

图书馆参考咨询服务的特点主要包括:一是在服务目的上,协助读者寻求知识信息;二是在服务手段上,利用各种资源,加工整理信息,方便读者查阅信息;三是在服务观念上,教育读者,传播知识。当前,随着网络技术普及应用,数字参考咨询服务应运而生,参考咨询的内容、形式、范围都发生了很大的变化,用户的需求得到了进一步的满足,突破了传

统参考咨询服务时间和空间的限制,是一种灵活的个性化信息服务[①]。

3.参考咨询服务的内容

参考咨询服务内容是随着社会及图书馆的发展而不断变化的,主要分为传统参考咨询和数字参考咨询。

传统参考咨询服务以馆藏资源和咨询馆员为中心,以纸质及图书馆硬件资源为基础,设置参考咨询台、参考书阅览室、文献检索室等。其通过多种形式解答读者咨询问题,包括读者当面咨询、电话咨询、QQ在线咨询等。咨询内容包括图书馆资源及其利用、文献查找过程中遇到的问题和图书馆各项服务,其咨询解答并不包括为读者查找资料的具体内容,但可以提供建议性的帮助。

数字参考咨询服务则在网络支持下将传统参考咨询服务范围加以延伸,将文献传递、科技查新、定题服务、读者教育等都融入参考咨询服务范畴,数字参考咨询服务是传统参考咨询在网络环境下的延伸与发展,各种服务方式交叉融合,共同构成复合型参考咨询服务体系。

(二)数字参考咨询服务的优势

数字参考咨询服务具有它自身所具有的特有优势,具体包括以下方面。

1.超越时空限制

数字参考咨询服务突破了时间和空间的局限,读者可以随时随地查询图书馆的信息,寻求问题的解答。同时,参考咨询馆员与读者也突破了一对一的传统模式,变成一对一、一对多、多对一、多对多的模式。

2.及时快捷,不被干扰

数字参考咨询服务,使读者能够及时快捷地利用信息资源而又不被干扰,无须面对参考咨询馆员,参考咨询馆员也能节省时间和精力去研究解决那些富有个性化特征的问题。

3.咨询解答的可保存性

对于一些口头的咨询答案,读者可能并不完全理解或易忘记,而数字参考咨询服务是有记录的,答案可以让读者保存下来,而参考咨询馆员也可以保存记录,作为以后回答类似问题的参考依据,或是积累成为对

①王洁. 图书馆传统参考咨询服务存在的问题及对策探究[J]. 毕节学院学报,2011,29(02):100-103.

FAQ的充实。

4.信息提供更具权威性

数字参考咨询服务,弥补了传统参考咨询独立运作、缺乏信息资源共享的不足,实现了服务方式的系统化。越来越多的图书馆之间的广泛合作,使数字参考咨询服务提供的信息更有明确性、可用性和权威性。

5.从被动服务到主动服务

传统的参考咨询是参考咨询馆员在图书馆咨询台等候读者提出问题,然后给予解答。在网络环境下,更强调提供可检索的、高质量的服务,实现虚拟的"当地一站服务"。图书馆还应发挥自己的优势,主动对相关学科领域的网络资源进行汇总和整理,以便于读者利用。这种主动式的参考咨询代表了现代管理的方向。

6.完善数字参考咨询系统

数字参考咨询系统,是为数字参考咨询服务提供技术及资源保障的系统。越来越多的图书馆从提供一种或几种数字参考咨询服务方式,到将各种服务方式与相关网络资源整合,形成更加完善的数字参考咨询系统。

二、参考咨询的服务方式

(一)网络环境中参考咨询以专题库的方式操作

第一,建立本馆的虚拟馆藏组织。传统的文献资源组织是依据各种分类法建立各种目录体系来实现的,具有较强的地域性和不共享性。在网络环境下,信息资源在数量、分布和传播范围、信息类型及传递速度等方面,远远超越了非网络资源组织管理方式和技术所能覆盖的范围。网络环境为信息资源的管理制造了空前复杂的环境,对信息资源组织和管理提出了更高要求。

虚拟馆藏专题数据库组织是图书馆从数量众多、类型多样的网络专题信息资源中收集到对特定用户有用的专题资源的总和。通过相应的软件将其下载到已设计好的数据库中,该数据库具有系统分析的功能,是图书馆实现计算机网络化管理和服务的基础。通过对网络信息资源的选择、分类、编目、加工整理等手段,将类型众多、分布零散、数量庞大的网络信息组建成本馆的虚拟馆藏。

第二，建设图书馆“重点学科导航库”。导航库是特色库中的子项目，涵盖多个国家级学科，全面而又系统地开发或组织某一个和多个专业的网络资源作为馆藏，并作为特色虚拟馆藏挂在图书馆主页上，提供给用户共享。

第三，图书馆参考咨询工作通过联机公共检索目录深层次揭示虚拟馆藏，成为虚拟馆藏记录和图书馆信息查询的连接点。联机公共检索目录是图书馆自建的规模最大的数字化资源，也是读者最熟悉、最常用的检索工具之一，为图书馆参考咨询服务开辟了一个新的领域。参考咨询服务是“图书馆”的心脏。图书馆通过参考咨询服务来架起知识与咨询用户之间的桥梁。通过用户的利用，知识资源被转化为生产力。

（二）拓展网上参考咨询服务

随着网络技术的发展，不少读者对网上信息资源出现的多元化、多媒体、多语种、多类型和随意性感到无所适从，需要得到图书馆参考咨询工作人员的帮助，希望将自己进行研究的课题委托给参考人员代查。

参考咨询人员凭借自身熟悉馆藏和网上检索技术的优势，深度开发和利用馆藏和网上文献信息资源，多角度、多方位地为读者开展专题检索、科技成果查新、国际国内商情调研、文献定题服务和跟踪服务等咨询服务，成为图书馆的工作重点。

各类图书馆只有深化图书馆参考咨询服务，充分利用现代化手段和资源优势，在建设中逐步形成“你无我有、你大我专、你全我精”的特色资源，知识的价值才会被最大限度地体现出来，图书馆参考咨询服务也才能更好地实现其社会价值。

第三章 图书馆信息服务工作内容与形式

第一节 常规服务

一、阵地咨询

阵地咨询是图书馆任意一个服务窗口都有工作人员,可以回答你的问题,帮助你解决在图书馆查找资料时遇到的一切问题。通常他们都是坐在咨询台工作,可以处理读者提出的各种问题,从简单的到具有一定深度的研究型工作问题都会尽力给予解答。

(一)阵地咨询问题的类型和方式

1.阵地咨询的类型

阵地咨询问题的类型有以下几种:一是事实问题咨询。读者带着明确而具体的目的,根据已经掌握的线索,结合图书馆的藏书,查找有困难时找馆员帮助,馆员用一般工具书和日常积累的咨询档案便可提供答案。二是文献知识咨询。如读者掌握了文献线索,但找不到原始文献,这可能是缺少藏书号码或著录有错误;如果是简写缩写、术语略语、代号等,还要查考著录。三是专题研究咨询。如读者从事某项生产科研任务,总是以某一学科某一研究课题,从其沿革、动态、发展趋势,到这一课题的某些具体环节,都要求详尽资料信息,这类咨询检索对馆员来说是最艰巨而又重要的工作了。

2.阵地咨询的方式

阵地咨询问题的方式有以下几种:一是口头提问。这要求读者把问题叙述清楚,把有关问题背景,涉及的专业知识,发展状况和他们已经掌握或已查阅的情况搞清楚,以便咨询解答。二是书面提问。专业人员多以信函的方式提出询问,这类咨询要利用分类表、主题词表或请教专业人员才能搞清问题。三是电话、电脑提问。在接听来电话时,把问题弄清楚后，还要提问人重述一遍，以免误听误事，并留联系电话。还有通过计算机发电子邮件咨询，视同书面提问，这些都应该及时答复。

(二)阵地咨询对馆员的要求

坚持阵地咨询，工作人员应加强读者研究工作。阵地咨询服务的对象是读者，通过读者来实现服务效益。咨询人员要注意掌握读者需求信息和利用馆藏文献的规律，观察用户的需求心理和倾向，从中透视整个社会的需求动态。减少工作的盲目性，发挥图书馆对人类生活及社会发展的作用和潜力。

坚持阵地咨询，工作人员还要熟悉运用各种工具书和馆藏图书，及时准确地解答咨询，耐心细致地为读者提供信息情报。坚持阵地咨询，工作人员只具有按传统方式提供文献信息服务的能力是不够的，还要有鉴别信息真伪的能力，以及在网络环境下的检索知识、为专业知识和计算机等现代化设备提供文献信息服务的能力。同时，网络环境下要具有用户直接参与、自我服务的特点。而专业人员会逐步过渡到指导地位。因此，对读者进行培训，教会读者最有效地运用现代技术获取所需信息，使读者直接参与到服务过程中来，也是阵地咨询的一项主要内容。

二、电话咨询

电话的普及和互联网的出现，使图书馆提供信息咨询服务的方式多样化。用户既可以到图书馆进行现场咨询，也可以通过电话或互联网来寻求信息援助。

(一)电话咨询的内涵

所谓电话咨询，对于读者(用户)，就是利用电话主动向图书馆咨询，寻求问题的答案，接收所需要的信息。对于图书馆，就是通过电话迅速解答对方咨询，向读者提供咨询服务。电话是连接图书馆与读者的桥梁，它能穿越时空把图书馆与读者联系起来。

电话咨询的内容涉及相当广泛，咨询范围也从大到小，读者提出的这些咨询项目差不多都牵动图书馆的各个业务部门，如信息部、外借部、古籍部等。开展电话咨询是由图书馆的性质和服务目的所决定的。从世界观范围内来看，图书馆早已把提供服务置于与图书馆教育、建设诸工作同等的地位。提供咨询服务也不只限借还图书和查找资料，而是任何文献需求都可以用电话的方式进行咨询。所以，电话咨询是图书馆服务离不开的一种咨询方式。

（二）图书馆电话咨询的特点

图书馆电话咨询具有远程、快速、方便等优点，它突破了传统图书馆的服务格局，拓展了图书馆服务的空间，提高了图书馆为读者服务的广度和深度。图书馆是信息的提供者，必然要考虑利用最方便、能快速的传播工具。在计算机技术和通信技术飞速发展的今天，电话仍然是我们当之无愧的首选方式。即使在高度发达国家，电话还在起着非常重要的作用。随着我国科学技术以及通信事业的突飞猛进发展，越来越多的人了解了互联网，并开始利用互联网获取信息。

但这并不意味着电话咨询服务失去了存在的必要，下面的统计数字可以显示图书馆电话咨询的巨大空间和强大的生命力。2019年，全国电话用户净增3420万户，总数达到17.9亿户，比上年末增长2.5%。其中因第二卡槽需求基本释放完毕，移动电话用户全年净增从上年1.49亿户降至3525万户，总数达16亿户，移动电话用户普及率达114.4部/百人，比上年末提高2.2部/百人。全国已有26个省市的移动电话普及率超过100部/百人。固定电话用户总数1.91亿户，比上年末减少105万户，普及率下降至13.6部/百人。以上数字不难看出，这对公共图书馆电话咨询服务来说，是多么难得的发展空间。所以，图书馆应利用这一有利契机，合理地利用已有的电话通信设备、人员、文献资源，积极地发展电话咨询服务。

（三）电话咨询的内容

1.简单问询

读者欲通过电话了解图书馆的地址方位、开馆时间以及图书馆的服务内容，如何办证以及进一步获取信息的途径等等。这类读者电话咨询的内容比较宽泛，无须太多的专业技术，只要耐心给予解答即可。

2.图书查询

此类读者多数因时间紧张或路途遥远，无法亲自到图书馆来咨询，咨询的问题又不是非常重要，亲自来馆感到费时、费力、耗资，有些不值得。因此，电话咨询成了他们首选的咨询方式。电话咨询台设有计算机，连接了图书馆网，一通电话，几分钟内便能得到及时准确的回答，既方便又快捷，大大提高了图书馆的服务效率。

3.电话续借

自图书馆电话咨询开办续借服务以来，深受读者欢迎。因为在此之前，续借图书必须由读者带着图书亲自到图书馆来，经由计算机对所借图书进行条码识别才能完成。但续借者通常由于受到各种条件的限制，如交通不便、距离太远，或没有时间等而影响续借。借助电话，费时费力的事情就变得简单多了。读者只需坐在家里或在办公室内拨通电话，告诉工作人员自己的名字、借书证号，或图书条码号，即可完成续借。电话续借成了电话咨询服务中举足轻重的一个项目。

4.研究咨询

此类读者的咨询内容都带有较强的专业性，大多是科研、生产第一线的人员，所咨询的问题针对性较强。此类咨询需要工作人员具体分析用户的信息需求和所要研究的问题。将其联系到可能的信息资源、设计和研究课题策略，为开展研究工作提供最合适的参考工具书和其他资料。此种咨询解答非三言两语或是简单地查询即能完成的，需要咨询人员作以记录，查询结果出来后，通知读者来图书馆选择，这就需要工作人员具备相当广博的知识和较高的业务素质才能完成。此类咨询也是电话咨询中比例较小，但最能反映工作人员水平和素质的服务。

电话咨询服务能帮助图书馆员“走出去”，带领公众“走进来”，从而延伸图书馆咨询服务的触角。我们知道，并不是每位需要信息的读者都能来图书馆，有的可能有惧怕心理，也有的可能受路远、交通拥挤、时间不允许等各种因素影响不便来馆。相反，电话就在边上，他们很容易使用。另外，在我国，有去图书馆习惯的群体或个人还是有限的，而电话咨询就能在图书馆和这些读者之间架起桥梁。通过这一桥梁，促进“馆员走出图书馆”，让“读者走进图书馆”。

三、信函咨询

信函咨询包括普通信函和电子邮件两种。通过信函交流方式展开咨询，比较适合大多数的咨询范围。

（一）普通信函

在传统图书馆咨询服务中，普通信函是图书馆最基本、使用最多的文献传输方式。它方便、简单的特点适合任何读者。尤其是对于那些行动不便、路途遥远的或是计算机运用不熟练的读者都是一种非常理想的咨询方式，特别适合老年读者。但是普通信函有一定的收费标准，如邮寄费、复印费、扫描费、加急处理费等。但随着公共图书馆公益性的逐步体现，大多数项目费用都有减免，如大幅度降低文献复印费、文献传递费、文献检索费、光盘刻录费。这样读者的查询费用就会降低，这更加促进了读者到图书馆来的热情，也更好地发挥图书馆的功能。

国内大部分图书馆信息咨询室或参考咨询室对普通信函和电子邮件都有相应的表单让读者填写，以便及时、准确地把咨询结果发到读者手中。

（二）电子邮件

电子邮件也称电子信箱，是以计算机通信网络为基础的，专门进行电子信件的传递、接收和存贮的公共信息服务系统。随着计算机技术、通信网络的迅猛发展和普及，当前图书馆已进入网络化、自动化管理时期，电子邮件作为一种全新的通信方式，以其独特的优势在图书馆工作中得到广泛的应用，并发挥出巨大的作用。

随着数字化图书馆进程的加快，电子邮件作为互联网上最受欢迎、使用最多的一种通信方式，为图书馆提供了一个全新的应用和服务领域，提供了改变工作方式和改善服务模式的机会，我们应当积极探求电子邮件在图书馆的全方位、深入的运用，以便提高图书馆的工作效率，增强服务效果，吸引更多的读者。

另外，在网络化发展比较深入的图书馆，其主页上都有提供各种用途的表单，供读者联机填写递交，如讲座登记、委托检索、推荐订购书刊、续借或预约借书表单等。这些表单的实质就是读者按照一定格式发送的服务请求电子邮件，表单递交后，图书馆工作人员就会收到电子邮件，进行相应的处理。这样通过主页和电子邮件的结合，在图书馆和读者之间架起了一座交互式远程服务的桥梁。

四、网络咨询

网络咨询服务，是以网络环境为背景，以馆藏信息资源和世界范围的网上虚拟信息资源为对象，根据用户的特定需求，以知识和信息的开发为手段，从事知识和信息的调研、搜集、加工、转换、重组与创新的一系列服务活动。图书馆开展咨询检索工作，利用网络条件是最重要环节，通过网络将信息服务代替传统的文献服务。接受用户咨询，就读者提出的情报信息及其深度和广度要求，进行网络上的信息收集、提炼、归纳、分析，除去检索中来自不同数据库的重复记录，比较整理各类数据库中的类似信息，去粗取精，去伪存真，以能够反映和满足用户的需要。

（一）网络咨询的形式

第一，实时咨询。在线与学科馆员交流，学科馆员在线实时回答用户的咨询问题。“实时咨询”是“一对一”的信息咨询服务形式，是利用CHAT软件进行的一种信息咨询服务。只要用户登录图书馆的站点，并遵循必要的协议，就可以实时地与在线的图书馆员进行交谈。实时咨询一经问世就引起使用者极大的兴趣。实时咨询信息服务能否顺利开展主要有三个因素：技术上的网络软件和软件的选择；具体的信息咨询服务的内容；学科馆员的业务技能。未来的“实时咨询”信息咨询服务将实现实时咨询解答、远程信息教育、信息资源评价和资源加工整合等功能。

第二，延时表单提问。咨询馆员在两天内做出答复，并发送到用户的邮箱里。

（二）网络咨询的要素

网络咨询的要素包括信息源、咨询用户、网络咨询人员、网络咨询设备、咨询市场（用户信息需求）等。

网络信息源是指以互联网中一切传输或存贮介质为载体的各种形式（如声音、图像、文字等）有用信息。在网络环境下，网络信息源是一种十分重要的资源，是网络信息咨询成功的基础和保障[①]。

咨询用户是网络信息咨询生存和发展的动力，是提出咨询问题接受网络信息咨询服务、评价网络咨询服务质量的读者。用户需求的变化，用户素质的高低，用户的兴趣和爱好等，都是咨询人员有效开展网络信

①张旋．图书馆网络信息咨询工作研究[J]．图书馆工作与研究，2018(S1)：128-131.

息咨询的依据。用户是网络信息咨询的中心,用户的质变将最终导致网络信息咨询的质变。网络信息咨询的用户主要是源自企业科研、高校等工作者,而且与机构性质、用户年龄等因素有密切关系。网上用户教育也非常关键。这是图书馆的四大职能之一——教育职能。教育读者,使其具有一定的信息素养是网络咨询承担的一项很重要的工作,也是提高用户信息素养的重要途径。在网络环境下,传统的用户教育形式发生了重大变化,其内容也更加广泛。图书馆一般在网上以“1小时(或半小时、90分钟)讲座”、开设“网络教程”、开放网络教室等形式开展网络用户培训,并将各类课件提供在网上,供读者浏览、下载。

网络咨询人员。数字化、网络化环境的形成,对信息咨询工作提出了更高的要求。信息咨询人员是工作主体,其专业素质和能力在很大程度上决定着咨询服务的质量。为了满足图书馆用户日益增长的需要,对信息咨询员的素质也有了较高的要求。具体来说主要体现在以下两个方面:首先,要有具备多种专业技能的复合型人才,如精通管理、信息技术、法律、商务、外语的复合型人才;其次,咨询人员还必须学习专业的咨询理论和方法,善于发现、分析、解决问题,并辅助用户实施解决方案。这又要求咨询员善于沟通,并具有丰富的咨询经验。咨询用户的复杂性使得咨询人员必须加强自身的职业素质培养,才能把图书馆的咨询服务真正提高上去。

网络咨询设备基于网络信息咨询服务来说,先进的技术设备是实现网络信息咨询服务标准化的基础,是保证服务标准化的一个重要因素。没有高质量的设备,没有掌握技术设备的人,一切都无从谈起。技术设备是指图书馆开展网络信息咨询服务所需的硬件和软件,硬件包括高质量的计算机、网络服务器、高速传输线路和数据输入输出设备等。软件包括操作系统、检索系统、信息管理系统和专家咨询系统等。因此,图书馆为保障网络信息咨询服务,需要从财政上加大信息技术设备的投入,从技术上加强信息咨询人员的引入和培训。既要保证技术设备的完整,又要充分利用技术设备,以便更好地为用户服务。

咨询市场(用户信息需求)是网络信息咨询发展的推动力量。用户的信息需求是咨询市场的驱动力,咨询成果是产品,供需双方分别是用户和咨询方。用户在市场经济和网络条件下提出咨询需求,咨询方采取适当方式将咨询成果传递到用户，满足用户的咨询需求，从而使整个咨询过程得以完成。

（三）网络咨询的内容

网络信息咨询是将传统参考咨询的内容都搬上了网络，还增加了许多新的内容，包括网上图书馆介绍、图书馆知识性服务、网络目录咨询服务、网络专题咨询服务、用户培训服务、提供镜像数据库服务、网络咨询协作系统建设、帮助读者选择和使用数据库、OPAC业务培训、联机实时帮助、远程检索服务、电子邮件服务、检索工具介绍评估、咨询数据库建设和网络信息提供服务等。

（四）网络咨询的服务方式

网上信息咨询服务的发展表明，其任务不仅仅限于事实性问题的解答，还包括网上信息开发、网络资源导航、特色数据库等等不同层次和深度的咨询服务。为此，除了传统的咨询服务外，更要注意拓展和采用下述新型的网上信息咨询服务方法。

1.远程数字化资源合作

远程数字化资源合作主要是以网络为依托，营建一个馆际间的信息咨询协作关系，达到咨询力量的协同整合和优势互补，以及信息资源和咨询案例的共享。例如由国家图书馆牵头组建的“全国图书馆信息咨询协作网”，就是我国第一个荟萃图书馆信息精华和凝聚咨询智囊的信息咨询服务网络，并建有咨询案例库，提供E-mail咨询服务。同样，为能对重点学科科研用户提供便捷的网络学术信息查询服务，中国高等教育文献保障体系（CALIS）的网络信息共享系统，也规划建立了一批“重点学科导航库”。如CALIS成员馆在南京大学的“地质网络导航数据库”，就收有天文、地质、地理、气象等学科的国内外机构、科学家、团体会议、电子期刊等内容，可用来进行有关的信息咨询服务。

2.信息资源导航服务

网络信息资源是以超文本格式链接起来的非线性结构，构成了立体网状的信息资源体系，各个国家、各种服务器、各种网页、各种文章上的相关信息都可以通过结点链接起来。这种链接的方便性也带来了网络信息的错综复杂，交叉分布，使查找信息的复杂性加大，所以网络信息资源导航服务应运而生，并越发显露出重要性。总的来说，网络信息资源导航服务有以下标准：一是内容要全，要连结最新资料研究报告、各种国内外资源站点、国内外重要论文、相关标准等；二是导航数据库，如关于元数据导航，著录中文题名、作者、英文简介、中文简介等，其中中文部分为导航员添加，为用户提供了更多的信息来决定是否点击某一站点；三是导航"航标"明确，如北京大学图书馆主页上的电子资源下设置"Internet资源导航"，该导航按学科组织，分别列出哲学、历史学、图书馆学、情报学、数学、生物学等，其中在图书馆学情报中设置的导航项目有基础资源、数字图书馆、出版物、学术会议等。

第二节 检索服务

一、文献检索

（一）文献检索概述

文献，原指具有较高历史价值的文字材料，包括图书和资料。但随着时代的发展，文献载体形式也呈现出多样化的态势。目前，我们所说的文献是指记录有人类知识的一切载体。文献的载体形式，除了包括图书和资料等印刷品（即印刷型文献）外，还包括声像型文献（如录音带、录像带、电影胶卷、幻灯胶片等）、缩微型文献（将知识信号高度缩微，存储记载在缩微胶卷、胶片或光盘上）、电子出版物（电子文献）、网络信息资源（网上文献）等现代化的文献载体形式。

检索，是一个具有广泛意义的通用术语。而文献检索，则是具有特定意义的专用术语，它专指在图书情报工作中对图书资料的查询，即根据读者对文献的特定需要，利用书目（目录）、索引、文摘等文献检索工具，从已经组织好的大量相关文献集合中，查询与读者需要的相关文献的过程。读者到图书馆查资料，就是图书馆员利用图书馆检索工具进行文献检索的过程。

文献检索的对象是文献的有序化集合（体），包括各种图书馆、档案馆、文献情报中心的收藏，各种文献载体的数据库，各种类型的文献集合等。

文献检索既是图书馆和科技情报部门一种重要的服务方法，同时，对读者来说，也是一种需要掌握的技能之一。尤其是随着计算机网络技术的普及，读者可以足不出户，通过Internet网络登陆到图书馆网站，利用图书馆提供的书目数据库、专题数据库，免费检索到自己所需要的文献资料①。

（二）文献检索的步骤与策略技巧

文献检索即是一种技术方法，同时它又是图书馆工作人员为读者提供服务的工作过程，这个过程一般分五个步骤完成。

第一，弄清楚读者的真正需要。通过跟读者的沟通，了解读者的情况，读者提出咨询的问题是要解决什么。只有这样，咨询员才能有针对性地为读者提供确切的资料，满足读者的需要。

第二，摸清读者已掌握的情况和已做过的检索，了解读者来馆前已经查阅了哪些资料，以避免不必要的重复工作，尽量少走弯路。有时通过与读者的交谈，甚至可以给我们查找资料提供快捷的途径。因为，读者通常对他们要求咨询的专业文献检索都有所了解，这些情况实际上包含着查找文献资料的线索，尤其是研究型的读者，更是在来图书馆之前，自己已经查阅到了许多相关资料，他们到图书馆来查资料，通常是对他们已经查找到的资料进行补充，利用图书馆丰富的馆藏，去充实自己的资料。只是他们对图书馆的检索方法还没有完全掌握，而咨询员对图书馆的馆藏文献比较熟悉，再加上精通文献检索的方法，因此，可以很快地帮助读者找到所需的资料。详细了解读者已经做过的文献检索，是做好文献检索工作的一个重要手段。

第三，先当读者的学生，再当读者的老师。当读者要检索某一领域的文献，而咨询员对该专业不是很熟悉时，就要以读者为师，请他介绍这一专业的相关知识。这样对读者来说，可以准确地让咨询员知道他所需要的资料，而对于咨询员来说通过向读者学习，即可以开拓视野，积累知识，又多掌握了一项为读者服务的技能。先当读者专业上的学生，然后给读者当图书馆文献检索方面的老师。这是一个在文献检索服务工作中很好的工作方法。

第四，针对咨询中的共性问题，要做好充分准备。读者在咨询中提出

①张舒雅，余琳．图书馆文献检索方式的探索[J]．现代信息科技，2019，3(07)：22-23.

的问题，多种多样，各不相同，似乎难以预料，无法事先准备，但是在大量的咨询问题中，实际上存在着一定程度上的共性。而这些共性是可以事先做好准备的。

读者咨询的问题，我们可以将其归纳为事实咨询和文献咨询两大类。在事实咨询中，通常是一些名词术语、人物、事件、数据等；文献咨询中，通常是某一学科、某一专题的文献咨询。这些文献咨询的解决，则要依靠图书馆的馆藏目录进行检索，将相关的文献检索出来后，再对文献内容进行查找。因此，针对读者在咨询中提出的最常见问题，做好有关文献知识的积累，就可以使大量常见的咨询迎刃而解。

第五，不断研究读者咨询问题的变化情况，有针对性地为读者提供服务。一般来说，来咨询的读者可以分为两类。一类是一般读者，另一类是对某一专题进行咨询的读者。这两类读者的需要有着明显的区别。对一般读者而言，通常是事实性咨询，查字典、手册一类的书，就可以解决他们的问题。而专题读者，他们通常需要大量的图书目录索引和计算机网上数据库的查询，才能满足他们的需要。我们在为读者服务中，就要有区别地对待。但是具体到某一位读者，他们的需要又是千差万别的。对于一般的读者，要着重研究他们的共同需要、共同点，而适当地照顾他们的特殊需要。对待专题性的读者，则要针对他们每个人的具体需要，不但要了解某一学科的读者的共同需要，还要进一步去了解这一学科的读者的个别需要，以及他们所掌握运用的语言文字、兴趣爱好、阅读规律等等，为读者提供相应的图书馆馆藏资料以及网上的最新资料等等。

二、专利检索

（一）专利文献的概念及分类

世界知识产权组织（World Intellectual Property Organization，WIPO）在《知识产权法教程》一书中将专利文献定义为“专利文献是包含已经申请并被确认为发现、发明、实用新型和工业品外观设计的研究、设计、开发和试验成果的有关资料，以及保护发明人、专利所有人及工业品外观设计和实用新型注册证书持有人权利的有关资料的已出版或未出版的文件（或其摘要）的总称”。

专利文献，就广义而论，是指一切与专利制度有关的文件，包括发明说明书、专利说明书、专利局公报、专利文摘、专利分类表、专利检索工具、申请专利时提交的各种文件以及与专利有关的法律文件和诉讼资料等。狭义的专利文献通常单指专利说明书，是专利文献的主体。

为了方便专利的检索，需要对专利文献进行分类。世界各国都有自己的专利分类法，采用各自的分类体系和标识符号。按各种不同的专利分类法检索专利文献极为不便。目前大多数国家都已放弃本国的分类法，改用国际专利分类法。国际专利分类法是目前使用最广泛的一种专利分类系统，我国也采用国际专利分类法。

（二）世界专利文献检索

1.德温特《世界专利索引》

德温特《世界专利索引》（WPI）是由英国德温特出版公司编辑出版的，专门查找世界各国专利文献的检索工具。从1951年创办第一种刊物《英国专利文摘》发展至今，共收录报道了世界上28个国家、两个国际专利组织及两种刊物上的文献，内容包括自然科学的一切学科领域。

2.德温特创新索引数据库

德温特创新索引（DII）数据库是英国德温特出版公司与美国科学情报研究所合作开发的专利数据库。该数据库将德温特出版公司的《世界专利索引》和《专利引文索引》的内容整合在一起，利用ISI统一检索平台，在ISI的Web of Knowledge网站上提供网络检索服务，为研究人员提供世界范围内的综合全面的专利信息。

3.美国专利数据库

它是美国专利和商标局的网上专利数据库。所有Internet用户均可免费检索，该网站允许用户检索自1976年以来的所有美国专利的题目、文摘及其包括图在内的专利说明书全文等信息。

4.欧洲专利局检索系统

欧洲专利局的Espacenet专利检索系统是综合性的检索网站，也是目前经常使用的免费专利检索数据库。该检索系统提供了包括欧洲专利局和欧洲专利组织成员国出版的欧洲专利数据库、世界知识产权组织WIPO出版的PCT专利数据库、世界专利数据库、日本专利数据库等。

(三)中国专利文献检索

第一,中国国家知识产权局专利检索系统。该系统由中国国家知识产权局和中国专利信息中心创建维护,从2001年11月1日开始对社会公众提供专利检索服务。用户可以免费获得1985年我国颁布专利法以来公布的所有专利文献。

第二,中国专利信息网。该系统由国家知识产权局检索咨询中心与长通飞华信息技术有限公司共同开发,于1997年10月建立,是国内最早通过互联网向用户提供专利信息服务的网站,用户可以检索从1985年至今的所有中国专利信息。

第三,中国知识产权网。网站由中国国家知识产权局知识产权出版社主办,可以检索从1985年以来我国的专利文献,包括发明专利、实用新型专利、外观设计专利等专利文献。

第四,万方数据资源系统的成果专利数据库。数据库的数据由国家知识产权局出版社提供,收录从1985年至今受理的全部专利数据信息,包括中国发明专利、中国实用新型专利和中国外观设计专利。

第五,CNKI知识创新网中国专利数据库。数据库提供中国专利数据库检索,分为免费服务和收费服务。免费服务仅提供"中国专利题录库"浏览,收费服务提供"中国专利文摘"和"中国专利说明书全文"服务。

三、综合检索

(一)中国期刊网

中国期刊网是中国知识基础设施工程(China National Knowledge Infrastructure,CNKI)中的一个重要组成部分,由清华大学、清华同方光盘股份有限公司、中国学术期刊(光盘版)电子杂志社、光盘国家研究中心、中国科学文献计量评价研究中心和CNKI知识网络服务集团主办并开展服务。于1999年6月在清华大学正式开通,是国内最大的期刊文献数据库之一。它的数据库主要有中国期刊全文数据库(CJFD)、中国重要报纸全文库(CCND)、中国优秀博硕士学位论文全文库(CDMD)、中国重要会议论文全文数据库(CPCD)、中国基础教育知识仓库(CFED)、中国医院知识仓库(CHKD)、中国期刊题录数据库(免费)、中国专利数据库(免费)等。

中国期刊全文数据库是目前世界上最大的连续动态更新的期刊全文

库，收录1994年以来多种中文学术期刊，数据每日更新。中国重要报纸全文库收录2000年6月以来国内公开发行的重要报纸，内容覆盖文化、艺术、体育及各界人物、政治、军事与法律、经济社会与教育、科学技术、恋爱婚姻家庭与健康，数据每日更新。中国优秀博/硕士论文全文库收录2000年以来我国的优秀博/硕士论文，数据每日更新。中国重要会议论文全文数据库收录1998年以来我国各级政府职能部门、高等院校、科研院所、学术机构等单位的论文集，数据每日更新。中国专利数据库收录1985年以来我国的发明专利和实用新型专利的文摘信息。

（二）重庆维普中文科技期刊数据库

重庆维普中文科技期刊数据库是目前国内推出的最大的综合性文献数据库之一。该公司共有4种数据库产品，即“中文科技期刊全文数据库”“外文科技期刊题录数据库”“中国科技经济新闻数据库”“中文科技期刊引文数据库”。

中文科技期刊全文数据库收录从1989年以来的自然科学、工程技术、农业科学、医药卫生、经济、教育和图书情报等学科文献，核心期刊的覆盖率达95%。中文科技期刊数据库（文摘版），是国内最大的综合性文献数据库。中文科技期刊数据库（引文版），收录1990年至今公开出版的科技期刊，内容覆盖了自然科学、工程技术、农业科学、医药卫生、经济、教育和图书情报等学科的信息资源。外文科技期刊数据库（文摘版），文献以英文为主，学科范围包括自然科学、工程技术、农业科学、医药卫生、经济管理、教育科学和图书情报等学科。

（三）万方数据资源系统

万方数据资源系统是中国科技信息研究所、万方数据集团公司于1997年8月联合研究开发的一个以科技信息为主体，集经济、金融社会、人文信息为一体的综合性、权威性的信息服务系统，内容涉及自然科学和社会科学各大专业领域。目前最新出版的万方数据资源被整合为科技信息子系统、商务信息子系统、数字化期刊子系统、会议论文全文子系统、学位论文全文子系统和中国法律法规子系统。

科技信息子系统为我国唯一完整的科技信息群，汇集了科研机构、成果专利、中外标准科技文献等110多个数据库资源，年数据更新达几十万条以上。

商务信息子系统——中国企业、公司与产品数据库。该数据库信息100%更新,提供多种形式的载体和版本,目前已成为国际、国内了解中国企业信息的重要途径之一。

学位论文子系统包括“中国学位论文文摘数据库”和“中国学位论文全文数据库”两个数据库,收录了自1977年以来我国各学科领域的博士、硕士研究生论文。

会议论文全文子系统——中国学术会议论文全文数据库,收录了1998年以来国家级学会、协会、研究会以及各省市部委集团公司组织召开的全国性学术会议论文。

数字化期刊子系统是万方数据资源系统的重要组成部分,目前已经集纳了基础科学、医药卫生、工业技术、农业科学、社会科学、经济财政、科教文艺、哲学政法八大类的多个类目的期刊全文内容,收录的期刊大部分都是进入中国科技论文统计源的核心期刊。

中国法律法规全文库收录了1949年中华人民共和国成立以来全国人大法律、国务院行政法规、最高人民法院和最高人民检察院等单位颁布的法律法规、司法解释等,同时还有各部门规章、各地地方性法规和地方政府规章,以及我国参与的国际条约和公约等。

(四)联机检索系统Dialog

美国Dialog系统是目前世界上最强大的国际联机检索系统,其用户遍及世界多个国家的终端用户,也是我国图书情报机构最早使用的国外联机检索系统之一。Dialog数据库提供的是收费服务,数据库涵盖了知识产权、政府规章、社会科学、食品和农业、新闻和媒体、商业和财务、参考、能源和环境、化学、生物医学、药物学航天、生物技术、科技等各种信息。

Dialog数据库可分为两大类:一类是研究和开发数据库,有数学、物理、化学、地学、生物、药物、医学、工程、高技术、计算机、安全、标准等;另一类是商业方面的数据库,有财经分析报告、技术转让、专利、版权、商标等。

(五)联机计算机图书馆中心

美国联机计算机图书馆中心总部设在美国的俄亥俄州,是世界上最大的提供网络文献信息服务和研究的机构之一。美国联机计算机图书馆中心是一个面向图书馆、非营利性质、成员关系的组织，它以推动更多的用户检索世界范围内的信息，实现资源共享并减少检索信息的费用为主要目的。其主要提供以计算机为基础的联合编目、参考咨询、资源共享和保存服务。

第三节 课题服务

课题服务是图书馆参考咨询工作中的深层次服务项目，是参考咨询工作信息化的一个重要体现。由于课题服务实用性、针对性强，服务方式灵活，服务效果明显，因此深受读者欢迎，成为图书馆信息服务工作中一个比较突出的服务项目。

一、课题服务定义与类型

（一）课题服务定义

课题服务是相对一般咨询而言的，是咨询员根据用户特定要求针对某一课题向其提供的专门服务，它经过与用户沟通，课题分析或论证，文献查找、选择与利用，提供原始资料以及书目、文摘索引等文献线索，或对信息进行分析、综合、浓缩、转换与创新，提供给用户整合后资料的信息服务。课题服务的“题”是指科研、生产教学中的专门知识或课题，是一个知识系列，要求提供的文献全面、系统、针对性强，因此咨询员完成解答的过程相对复杂。

随着时代的进步和图书馆事业的变革，作为图书馆参考咨询工作中的一项传统服务项目，课题服务在服务内容和服务方式上逐渐发生着变化，尤其是近些年来社会需求和技术变革给课题服务工作带来更明显的变化。技术变革带来的变化如网上咨询、电话咨询等馆外咨询增多；课题服务中技术含量增多，从扫描、刻录光盘、电子邮件、QQ到提供数据库形式的资料以至根据读者需求开发数据库软件；传统的信息检索以文献检索为主要内容，现在数据库检索和网上信息检索也成为重要组成部分；社会需求带来的变化，如用户对信息内容的精确性与深度要求更高；

需求形式从以文献信息为主到多种载体形式并重;需求图片资料的增多;等等。

(二)课题服务类型

课题服务根据用户需求专业类别以及难易程度不同可以划分成不同类型,咨询员则要根据课题类型灵活掌握服务方式。

1.根据课题服务规模分类

根据课题服务规模大小可分为小型课题服务、中型课题服务、大型课题服务。小型课题服务一般检索信息量少,涉及学科单一,单位时间内咨询员投入较少时间,利用的各类工具书少、查找文献量少,一般个体咨询员能够独自完成。中型课题相对小型课题而言,其课题服务检索信息量相对增多,单位时间内咨询员投入较多时间,利用各类检索工具书,查找一定量的文献,一般指投入2~3名咨询员,历时1周左右的时间,合作完成的课题。大型课题服务检索信息量大,涉及多种学科,单位时间内需要投入多学科咨询人员,而且耗时长,并且需要多渠道、多角度利用各类工具书及原始文献,一般指投入3人以上,历时1个月以上时间,经合作完成的课题。

大型课题服务与中小型课题服务有较多区别。具体有以下方面:一是设有项目负责人。即根据课题需要,按专业需求设置,任务是通盘掌握、调度课题服务流程,保证课题服务质量。二是服务团队组成。在项目负责人的主持下,根据课题需要配置不同专业学科背景、不同研究方向的咨询员通力合作。三是服务结果分析整合。大型课题服务结果多数形成成果体系,需要将服务成果加以整合分析,最后附索引、分类装订成册,也可以按读者需要将资料做成数据库形式,进行多角度揭示与提供[①]。

大型课题的完成,必须依靠团队的共同努力才能实现,而且团队服务是图书馆咨询服务的发展趋势。因为团队服务能够提高课题服务的质量与效率。团队中每一名成员都明确个人要完成的目标,知道自己在实现目标过程中要做哪些工作及所起的作用,明确与其他成员之间如何进行协调。通过协调可以解决咨询服务中发生的“边缘”或界限“模糊”问

①李肖华.公共图书馆课题式信息服务路径探索[J].四川图书馆学报,2015(05):48-50.

题，在共同探讨中寻找共识，共同完成课题目标；课题服务中的团队合作有利于咨询员间开展业务交流，改进课题服务策略，提高课题服务水平。现在图书馆需要复合型人才，团队合作无疑起到了弥补复合型人才缺乏之不足的作用。因此，在课题服务工作中应当培养团队合作意识，营造一种提倡、重视团队合作的氛围，根据学科、能力、年龄互补等因素组织团队，发挥好团队合作优势，这样才能面向全社会的读者开展多层次、多角度的参考咨询服务。

2. 根据课题服务涉及的学科特点分类

根据课题服务涉及的学科特点可分为专业课题服务、综合课题服务。专业课题服务就是课题涉及某一学科领域的专门问题，广义上可以划分为自然科学课题、社会科学课题，狭义上可将自然科学社会科学进一步细分，如经济、法律、历史、文学、医药、冶金等等。综合课题服务就是同一课题涉及多种学科领域，多种学科交叉在一起。

3. 根据课题服务完成方式分类

根据课题服务完成方式可分为一次性课题服务、跟踪课题服务。一次性课题服务就是咨询员在规定时间内集中解答读者提出的咨询问题。图书馆多数课题服务是属于一次性课题服务。对于时间性要求很强的课题，要恰当组织人力，集中力量，做好服务。跟踪课题服务就是根据读者课题进程，按需进行时段性查找，把检索到的资料随时或定期地提供给读者。

跟踪课题服务是一项连贯性很强、长期性的工作，服务中要注意如下事项。

第一，针对性。跟踪课题服务一旦确定，必须始终围绕这一课题进行文献检索，并随时针对课题进展中出现的新问题调整检索策略，防止服务过程中偏离检索目标的现象。

第二，灵活性。跟踪服务中需动用不同类型的检索手段，搜索各种类型的文献资源。不应局限于馆藏的文献资料，在缺藏的情况下，要尽可能从馆外获取，以保证信息的完整性。

第三，连续性。跟踪服务是在一段时期内不断进行的，需连续不断地搜索课题在各阶段中所需要的文献信息，因此整个服务过程应成为一个系统的连贯的有机整体。

第四，及时性。跟踪服务十分注重信息的及时性，使信息的提供与读者课题的进展尽可能保持同步。要及时发现文献中反映出来的新动向，主动提供给读者。

第五，参与性。咨询人员在进行跟踪服务中，应具有主动参与精神，经常主动与读者沟通，了解读者课题的进展。在提供服务的过程中应主动做些记录和资料积累，对新情况及时进行总结研究，提高服务效率。

二、课题服务过程

课题服务问题千变万化，有大有小，有深有浅，但是都遵循一定的工作程序。课题服务过程，简单地说就是咨询员对读者提出的问题进行分析与解决的过程。一般都经过接受课题服务、了解情况、查找文献、解答问题、建立课题档案的过程，是一个完整的工作程序。每个过程都有明确的内容、具体的方法和要求。

（一）接受课题

接受课题就是接受读者提出的咨询问题的过程，既包括读者通过口头、书面、电话、网络等形式提出的咨询问题，也包括图书馆深入实际，主动了解到的咨询问题。这是开展课题服务的第一步，也是一个关键环节。互动是一种艺术，一个课题服务能否成功地承接下来，关键在于咨询员与读者的沟通。这与咨询员自身素质、经验、服务态度、交流技巧等有关。

接受课题服务的过程实际上一个调查研究的过程。主要是向读者做调查，与读者一起进行讨论，要做到“一听”“二问”“三反述”，多与读者沟通，尽可能多地获取信息，尤其是读者提出的咨询问题含混不清，或隐含其他问题，或读者的语言不能被咨询员所理解时，要反复询问讨论，进行总结或释义，最后用双方证实认可的语言明确咨询要求，保证双方对咨询问题达到一致的理解，这是做好课题服务的前提。咨询员与读者沟通过程中，要注意明确如下问题。

1.弄清咨询的目的要求

弄清读者咨询的目的要求，即弄清读者要查什么。这是最根本的一点，也是检索文献信息资料、解答咨询的出发点和落脚点。要尽可能弄清读者为了什么而提出咨询，其起因、来历、出处及用途是什么。只有把咨询的目的要求搞清楚，才能做到迅速、准确地解答咨询问题。

2.弄清咨询问题的具体内容

弄清咨询问题的具体内容,首先要弄清咨询问题的概念和含义,概念和含义都不清的咨询问题是无法或难以解答的;其次要大体了解咨询问题时间范围、地域范围、文献文种、文献类型(如文字资料还是图片资料)等,以便初步确定查找资料的范围和方式。

3.弄清咨询问题与文献资源的关系

弄清咨询问题与文献信息资源的关系,即从咨询问题的需要出发,审视本单位文献资源检索系统及其他条件,以便预测解答咨询的可能性及解答程度等,不致延误时机。

4.弄清读者已掌握的情况及已做过的检索

了解读者已经查阅了哪些文献资料,使用过哪些检索工具,已掌握了哪些线索,需要的关键资料是什么,困难的焦点是什么等,可避免重复劳动,少走弯路,甚至能打开咨询员的思路,获取查找资料的线索和途径。

5.弄清读者什么时间需要

弄清读者需要解答的最后期限,以便在读者限定时间内给予尽快解答,不耽误读者。

6.弄清读者的一些情况

弄清读者的单位、职别等情况,有时对考虑咨询问题有一定帮助。比如,了解读者的文化程度及外语水平,有助于确定检索和提供文献信息咨询的范围、深浅程度等。

(二)课题分析或课题论证

接受课题后,对于小型课题服务,紧接着进入下一环节——课题分析;对于较大型的课题服务,就需要组织人员进行课题论证。课题分析就是对咨询问题进行深入分析的过程。要分析判断咨询问题应归属哪类学科,可能在哪类文献中找到,再分析选择检索文献的检索手段。课题分析实际上也是一个学习思考的过程。一个咨询员不可能对所有学科的问题都能提供解答,对于不熟悉或复杂的咨询问题必须有一个学习思考的过程。一个成功的咨询员是一个善于学习的人。学习是广泛的,可以向读者学习,可以通过工具书、参考书学习,可以向有关人员,尤其是本馆其他部门的专业人员,比如古籍整理、信息技术人员等等学习。

课题论证是在较大型课题服务中的一个重要环节,课题论证的具体内容前文已有说明。咨询员要把论证的结果与读者沟通,如果获得读者认可,应把课题服务的详细报价告诉读者。

(三)课题立项

接受、论证课题可行后,读者如果对图书馆的收费没有异议,就可以签订课题服务合同。合同管理虽然在图书馆信息服务中刚刚出现,但它是图书馆信息服务工作发展的必然趋势。合同管理可以运用法律武器维护自身权益,使图书馆的信息服务工作逐步步入法制化、规范化的轨道。运用市场经济观念和法则来开展信息服务工作,也必将使图书馆信息服务工作大有作为。

同读者签订课题服务合同后,就可以立项了。把课题服务作为一个项目来实施,才能保证它的顺利开展。课题立项包括以下方面。第一,人员组织。确定项目负责人、参与者,并根据咨询员的专业特点与特长,安排每个人的具体工作等。第二,文献协调。馆内协调,通常馆藏文献按文献类型分布在各部室,不能各自为政,要有统一的文献协调来保障文献的充分利用;馆外合作,利用文献不应当受馆藏单位的局限,加强与外单位的合作协调,实现资源共享,以保证文献的查全、查深。第三,设备、备品落实。现代技术在课题服务中应用的越来越多,要根据具体需要,落实具体设备与备品。设备如计算机、扫描仪、刻录机、缩微阅读器等。备品如光盘、纸张、胶水等消耗品。

(四)设计课题解决方案

一个好的课题解决方案是有效完成课题服务的保证。这需要参考咨询员首先做一次馆藏情况的调查,对检索数量做一次估计和了解;确立检索初步步骤,选择检索工具书和检索方式;根据读者需要确立被检索出文献的整合方式等。

(五)实施课题解决方案

课题解决方案一旦确定,即可按照方案开展工作。首先进行文献检索。咨询员可先了解一些与课题有关的知识或信息;要理解课题的实质;查找文献过程中要认真仔细。随着计算机、网络技术的普及和各种数据库的涌现,现在经常是手工检索和计算机检索方法结合使用。检索过程中,可以根据检索所得的初步结果不断扩大与加深文献线索和检索范围;可以根据具体情况,适时修改方案,扩大检索途径;可随时与读者沟通,把进展情况告知读者以求进一步理解课题性质。对检索出的信息要比较鉴别,最后选定结果,以贴近读者需求。然后把检索出的资料进行整合。整合文献资料就是把检索出的信息登记、汇总整理、编排,或对信息进行分析、加工、转换、重组与创新,这凝结着咨询员更多的智力劳动,体现课题服务的高智能性与创造性。

(六)提交课题服务资料

提交课题服务资料,是课题服务工作中的最后程序。就是咨询员把整合后的资料交给读者,答复读者。交给读者的资料从内容上看有直接提供具体的文献信息资料,有提供文献资料线索,有经过咨询员整合后的资料;从载体上看,有纸质的、有电子版的;从资料形式上有原始文献,有文献复制品,从资料整理形式上看有装订的,有未装订的;交给读者资料的途径有读者亲自到馆取走的,有邮寄的,有通过E-mail或QQ网上传递等多种途径,主要根据读者的需求而定。

向读者提交课题服务资料时,要注意以下问题:①原始资料注明出处,经过咨询员加工的资料,注明引文,以便读者进一步查阅或引用;②注意读者的反馈,了解读者根据提供的文献信息资料是否解决了问题,解决了哪些问题,还有哪些问题没有解决,必要时可再做检索,直到完全解决问题,读者满意为止。

(七)建立课题服务档案

建立课题服务档案是课题服务工作中一个环节,它包含以下三方面内容。第一,课题服务读者档案,包括读者姓名、工作单位、职业或职务、联系电话、E-mail提出日期服务要求、课题服务名称、受理人等。第二,课题服务过程档案,包括课题服务名称、承接课题时间、承接课题方式(到馆、电话、信件网上)、课题服务人员、服务过程、服务结果(包括检索数量、提供原件等)、完成课题时间、服务效果等。第三,课题服务文献档案,包括课题服务名称、利用的工具书或数据库、利用文献名称、提供文献名称、整合后资料(如书目、文摘、提要等)等。

课题服务档案主要是图书馆内部管理需要,不直接与读者发生关系,在实际工作中容易被忽视。作为课题服务工作中的一个环节,它的意义在于以下方面:①通过课题服务工作过程的完整记录,为总结和研究课题服务工作提供素材;②通过读者情况的记录,可以了解及有针对性地服务读者;③通过档案的累积,可形成系统的知识或馆藏特色资源,便于向更多的读者传递这些知识。因此咨询员在工作中应该形成建立课题服务档案的良好习惯。

第四节 图书馆文献信息资源开发

一、文献开发

文献开发是图书馆信息资源开发工作中重要的环节之一,随着社会和科学技术的不断进步,学科分类的深化、细化,信息载体的多样化,尤其是近年来计算机和网络技术的普及,为图书馆的文献信息开发提供了强有力的技术支撑,使图书馆文献信息的开发工作,从传统的书目、索引、文摘、专题资料汇编、综述、调研报告,发展到数据库开发、文献信息数字化、网络信息资源的开发与利用等工作上,图书馆已逐渐成为文献信息的收集、开发与网络信息发布的中心之一。

(一)目录

书目,又称目录。传统图书馆文献开发的基础工作之一,也是图书馆揭示图书、文献检索工具体系中的一种类型。它通过对一批相关文献的形式特征和内容特征的记录、描述、即著录,向读者揭示这一批相关图书文献中每一种图书文献的概况(包括书名、编著者、出版者、出版时间、页数开本、内容提要、简介等),以帮助读者确认及取舍所检索的图书文献。

书目的类型一般有以下几种类型:①国家书目,全面系统地揭示报道一个国家各个历史时期出版的全部图书文献的书目类型,又称为登记性书目。②图书馆目录,是书目的一种特殊类型,是揭示、检索图书馆藏书的工具。图书馆目录按提供给读者的检索途径可分为书名目录(题名目录)、著者目录(责任者目录)、分类目录、主题目录等。③图书馆联合目录,是联合收录若干个图书馆、情报所所收藏的馆藏文献,并对各种书刊文献的收藏单位进行标引的一种书目类型。④专科、专题书目,系统地揭示和报道某些专科、专门课题的图书文献的书目类型。出版的类型既有正式的,也有无数非正式出版的。⑤地方文献书目,是专门收录有关某一地区(某省某市某县等)文献的书目类型。

(二)索引

索引是揭示和检索图书或期刊、报纸等类型文献上所载的单篇文章及单元知识(事物人物、数据、公式、图表、语词等)的工具。它通过对各种类型文献上的题名、著者、词语的记录、描述,并按照一定顺序将代表这些篇章文献及单元知识的款目编排起来,为读者检索所需要的篇章文献及单元知识,索引是文献检索工具体系的类型之一。

按索引所提供的检索对象划分,可分为以下两种类型:①篇目索引。将各种期刊、报纸等文献中所刊载的单篇文章,按文章的标题进行著录,并按一定的顺序编排起来,供读者查找文章出处的检索工具。②内容索引。将各种图书及其他文献中所含的单元知识(事物、人物、数据、公式、图表、语词等)制成款目,以文献中出现的事物、人物、词语等进行著录,并按一定的顺序编排起来,帮助读者快速找到这些单元知识的出处的检索工具。

(三)文摘

文摘,文献检索具体系中的一种类型,是揭示和检索图书期刊和其他文献上所载篇章文献的主要内容的摘述,并按一定顺序将代表这些篇章文献的款目编排起来,给读者提供这些篇章文献的内容信息和提供查询、检索这些篇章文献的途径。

按文摘中摘要短文对原文献的压缩程度划分,可分为以下三种类型:①指示性文摘。摘要短文对原文献进行高度压缩,短文文字一般在100~200字之间,内容较概括,主要侧重于检索功能,指示性文摘又称“简介”。②报道性文摘。摘要短文文字较多,内容较详细。报道性文摘一般在500~800字之间,一般可代替看原文。③指示—报道性文摘。兼具上述二类文摘的特点,一般在300~500字之间。

(四)综述、调研报告

综述,指的是依据丰富的文献信息,采用科学方法对所搜集的文献信息加以甄别、梳理、归纳、演绎,从而发现各有关事物的联系规律和法则,推断出某种普遍性的结论并加以客观陈述而形成的三次文献产品。

综述一般由以下几个部分构成：①前言。说明撰写的原因、目的、意义、研究对象、文献信息资料的范围和撰写过程中需要说明的问题。②正文。综述的核心部分，按读者和课题的要求，对某学科、技术或对某问题的观点等进行归纳罗列、综合分析。③结论。作为全文的总结性概括，结论应对课题研究中的主要观点、研究结果和缺陷不足做出简明的表达。④附录和参考文献。附录内容多是不便在正文中罗列但又显然对综述的形成具有重要作用和参考价值的资料，如实验数据、公式推导、计算机源程序等①。

调研报告是一种主要在实地调查获得数据、事实的基础上，经过分析研究后得出能真实反映有关事件等本质特征信息的三次文献。调研报告的结构通常由缘由、正文和结论三大部分组成。原由部分用以阐明调研的起因、范围或方法；正文则客观描述事件的真相，与事件有关的事实数据；结论则表明调研的结果及其建议等。

二、数据库开发

（一）数据库概念

数据库是至少由一种文档组成的，能够满足某种特定目的或特定数据处理系统需要的数据集合。数据库是依据数据之间的性质、联系，按照对数据实行统一的、集中的、独立的管理要求设计和组织数据的。数据库的本质是可以提供共享的、有一定组织方式的相关数据。

数据库通常由文档、记录、字段三部分构成。文档是图书馆书目数据库和文献检索系统中数据组成的最基本形式，它由若干个逻辑记录构成。记录是文档的基本单元，它是针对某一文献的全部属性进行的描述。在全文数据库中，一条记录相当于一篇完整的文献；在书目数据库中，一条记录相当于一篇具体文献的文摘或题录。字段是记录的基本单元，它用来描述著录文献的具体属性。在书目数据库中，记录中一般含有一本具体书的书名、著者、出版年份、主题词、文摘等字段，记录中字段的设计决定了数据库检索点的数量和检索途径。

---

①吴斌兵．图书馆文献信息资源开发利用的思考[J]．科技情报开发与经济，2012，22(03)：97-98.

(二)数据库的类型

图书馆数据库的类型,可以从以下几方面进行划分。

1.按数据库所含内容划分

按数据库内容,数据库的类型可划分为文献型数据库与非文献型数据库。文献型数据库包括书目数据库、二次文献数据库、书目相关数据库与全文数据库等;非文献型数据库包括数值数据库、事实数据库、管理型数据库。

第一,书目数据库。主要针对图书进行内容和存储地址的报道与揭示的,又称为机读目录数据库,其数据内容详细,除描述标题、作者、出版项等书目信息外,还提供用户索取原始信息的馆藏信息。如图书馆的藏书目录、联合目录以及国家书目、出版目录、推荐书目等数据库。

第二,二次文献数据库。同手工二次文献相对应的数据库,又称为文献数据库。

第三,文摘和索引数据库。对期刊论文、会议论文、专利文献、学位论文等进行内容和属性的加工,它提供确定的文献信息来源,供读者进行检索。

第四,全文数据库。即收录有原始文献全文的数据库。主要以期刊论文、会议文献、学位论文、研究报告、法律条文、商业信息为主。

第五,事实、数值型数据库。指包含大量数据、事实概念,直接提供原始资料的数据库。

第六,源数据库。国外常将存储原始文献、事实或数值数据的数据库,称为源数据库,以区别于需二次查询才能获得最终结果的导引性数据库。

2.按数据库中数据的媒体类型划分

数据库的类型可划分为文字型数据库(提供文本信息);语言型数据库(提供录音资料);影像型数据库(提供缩微资料、录像资料、影片资料等);多媒体数据库(数据库中的字段内容含有多种媒体型式)。

3.按现代化程度划分

随着计算机网络化和文献信息数字化技术的不断发展,图书馆的文献信息开发也进入“数字图书馆”时代,电子图书、电子期刊、电子报纸、网络信息资源等电子信息资源，逐渐成为“网络图书馆”“虚拟图书馆”和“数字图书馆”等的文献信息的主要来源。我们把“数字化图书馆”之前的各种类型数据库，统称为传统数据库。

4.数据库开发

数据库是随着计算机技术的应用而产生的信息存贮、处理、开发和利用的一种现代化形式。在图书馆数字化建设中，电子信息资源是“数字图书馆”信息资源的基础，而电子信息资源的建设离不开图书馆各种数据库的建立。这是由于数据库是图书馆各种文献信息，包括一、二、三次文献信息开发和利用的最好的、终极的形式，因为只有建成数据库，图书馆的文献信息资源才能走向网络化、数字化，才能融入一体化的电子信息资源，才能推动图书馆数字化的进程，从而促进“数字化图书馆”的发展。

同其他行业数据库开发工作类似，图书馆数据库的开发也分为数据库立项、建库方案、建库工作和管理三个流程。数据库立项是根据图书馆在各行各业数据库建设中的定位，读者对图书馆文献信息检索的实际需求，建设具有本馆特色和具有独特价值，能反映图书馆馆藏特色的数据库。建库方案主要解决如下问题，开发什么样的数据库——建库目标，由谁来建库——建库主体，怎么样建库——建库方案的确定。建库工作和管理主要解决数据库开发工作中具体的软、硬件的最终确定、工作流程、人员的培训、数据库的质量控制等问题。

三、图书馆文献信息资源整合

“整合”作为术语，首先用在数学和物理学中，表示部分与整体的关系。“信息资源整合”一词中的“整合”来源于“integration”，其含义是指在符合一定条件的前提下，根据一定的需要，对各个相对独立的已经实现了一定程度有序化的信息进行融合、类聚、重组，重新构成一个新的、效能更好、效率更高的信息资源体系的发展过程和结果。

图书馆文献信息资源整合，主要是由于图书馆的传统的馆藏模式受到了网络的冲击，特别是随着计算机技术的应用，一体化的电子文献信息资源已逐步成为图书馆的虚拟馆藏。传统图书馆对实物馆藏的组织由手工阶段向自动化、数字化阶段转变。图书馆由于性质、任务、经费等条件的限制,馆藏信息资源总是有限的,需要进行馆际合作、资源共享以扩大图书馆的文献信息资源的来源,从而更好地满足读者检索文献信息的需求。然而各个图书馆在信息资源的组织过程中,各自为政,彼此之间的编目条例、著录格式存在一定的差异,形成的书目数据只能局限在本系统使用。

同时,图书馆拥有数量与种类繁多的数据库、电子期刊和电子图书都是分布在不同的检索平台上的,读者利用、检索这些数字资源时需要分别进入各个系统。例如,阅读超星电子图书,需要安装超星图书阅读器,阅读北大方正Apabi电子图书,就需要安装方正Apabi阅读器,不同类型电子图书的阅读器又互相不兼容,而无法实现一站式的检索,这给不熟悉电子资源和数据库系统的读者检索文献信息造成了很大的困难,图书馆数字资源的整合就成了亟待解决的问题。目前,CALIS和北京大学图书馆共同开发的资源统一检索平台已经处在试运行的阶段了,"CALIS统一检索"致力于帮助读者使用数字资源时实现跨平台的一站式检索,是图书馆数字资源整合的代表。

"数字图书馆"的信息资源整合,也是由于不同的图书馆采用了不同的硬、软件平台建立各自的数字图书馆系统及馆藏资源,数字图书馆体系结构和采用技术上的差异,造成数字图书馆之间相互通信和资源共享的障碍。读者为了获得所需要的文献信息,通常需要访问多个数字图书馆,同一个检索请求不得不重复提交给不同的数字图书馆。随着网络上数字图书馆数量不断增多,就有必要对数字图书馆进行信息资源整合。

元数据是关于数据的数据,是对信息资源的单元及其集合进行规范描述而形成的,是对信息资源进行组织和处理的基础。元数据在数字图书馆中是十分重要的概念,在图书馆数字化建设中,使用描述型元数据来描述馆藏信息,使用管理型元数据来管理图书馆的加藏和控制访问。

随着数字化图书馆建设的逐步深入,不同图书馆采用的元数据标准也不尽相同,为了实现图书馆信息资源整合,各种格式元数据就需要有互操作性的功能。

为了规范元数据的描述结构,一些参与W3C工作的组织开发了一种通用的资源描述框架(Resource Description Framework,RDF),RDF不仅适用于Dublin核心元数据,也适用于其他元数据体系,实现了元数据的互操作性,也为图书馆信息资源整合提供了强有力的技术支持。

近年来,随着资源描述框架和可扩展标记语言(EXtensible Markup Language,XML)的日趋成熟,图书馆在馆藏数字资源的保存和检索中,可以把任意复杂的数字化馆藏对象进行分解,然后用合适的元数据进行描述。目前,在图书馆文献信息数字化建设中,常用的做法是采用Dublin核心元数据集作为元数据的语义规范,RDF作为元数据的语法规范,采用XML作为馆藏数字资源的存储或表现形式,将图书馆的文献信息数字资源存储在计算机系统中,利用DC和RDF的互操作性以及XML的跨平台特性,实现图书馆的文献信息资源整合。

随着"数字化图书馆"建设的不断深入,如何实现在分布式数字环境下有效的图书馆文献信息资源整合这一课题,正处于日益趋于成熟与完善的过程中。目前,图书馆文献信息资源整合工具的种类和数量很多,最常用的两种文献信息资源整合工具是SFX和ILASⅡ2.0。

第四章 现代图书馆的信息服务管理

第一节 现代图书馆知识化信息服务管理

进入21世纪以来，信息技术的快速发展为各行各业带来了机遇和挑战。图书馆作为现代的科研信息中心，同样面临着转型的重要历史机遇。现代图书馆的作用主要体现在资源和服务两方面，信息是形成知识的基础，现代图书馆的服务本质上是要满足读者的信息需求，现代图书馆转型就是由初级的资源提供者向高级的知识化信息服务提供者转型。目前，我国现代图书馆的信息服务取得了一定进展，能够为用户提供信息检索咨询、专题情报分析、课题定题文献检索等服务，但是提供的信息还未能凝练成知识，仍处于初级服务阶段。

一、现代图书馆信息服务存在的问题

（一）图书馆信息服务基础资源不完善

1.硬件更新换代慢

由于信息技术更新换代较快、图书馆经费有限，因而图书馆馆舍空间、机房设备等硬件资源容易陈旧、更新换代较慢。很多中小型图书馆只能把有限的网络、存储、服务器等硬件资源用于保障采访、编目、典藏、流通等图书馆核心业务环节，很容易缺少高速、便捷的网络运行环境，通常顾及不上读者的新型信息需求，缺少研修空间、延时阅览区、讨论室等信息共享空间。

2.软件知识化水平较低

现代图书馆均使用了多套软件系统，包括图书管理系统、各种数字资源查询系统、自助借还系统、自助打印系统等。这些软件多与图书馆核心业务相关，但这些软件的知识化水平较低，通常只能够提供基本的图书、论文等资源定位查询，无法向读者提供深层次的知识层面的信息。

例如，读者需要了解有关“情报学进展”相关的信息，通过数字资源查询系统可以根据关键词匹配定位到包含“情报学进展”的相关资源，但其实读者真实的想法是想了解目前情报学领域的研究都在关注哪些问题，这就属于知识化信息，而这些知识化信息通常很难在目前的系统中获得。另外，图书馆界还存在一种怪象：图书情报学界理论研究先行若干年，但由于图书馆自身实践能力较差，只能由掌握了一定资源的软件开发公司将这些理论产品化，反过来以软件产品的形式卖给图书馆，帮助图书馆提供知识化信息服务，然而这些软件产品实际上并没有达到理论界研究的高度，知识化水平较低。

3.引进性数据的主动权较差

现代图书馆为用户提供的数据主要体现在馆藏资源和引进数字资源上，而引进性数据所占比重逐年在扩大，已成为现代图书馆提供信息服务的主要数据来源。目前我国许多图书馆的数字资源引进机制仍然停留在“数据库商推送—图书馆试用—图书馆购买”模式上，缺乏前瞻性、主动性与计划性，难免存在重复建设现象。另外，图书馆对这些数字资源的主动权较小，面对数据库厂商的涨价行为图书馆议价能力十分有限，而且元数据十分难以获得，数据库厂商通常不提供或者不及时提供元数据，馆内使用仅限于文献下载，导致图书馆只能利用图书馆软件提供公司的开发服务向数据库商以付接口费的形式使用元数据，正在逐步丧失核心竞争力。

（二）图书馆信息服务人员水平有待提高

1.信息服务人员流失严重

现代图书馆负责基础资源尤其是硬件资源的信息服务人才流失严重，系统部、技术部人员流失率非常高。图书馆基础资源日积而众，涉及软、硬、数据多方面资源，但是负责人员通常只有几人甚至一人，人员任务较繁重、琐碎，导致工作人员有时无法顾及各个方面、工作积极性不高、缺乏深造时间，技术部门流动性很大，很多技术人才都转向了读者咨询、管理等岗位。

2.信息服务人员将信息知识化的能力较差

图书馆通常有若干数字资源（包括引进和自建），一方面读者自己会根据需求利用数字资源提供的功能进行查询等操作；另一方面图书馆信息服务人员应该针对本馆的数字资源提供深层次服务。然而,目前大部分图书馆信息服务仅能提供较为初级的具体数字资源,个性化信息服务较少,缺少对数字资源的深度分析与利用,无法针对个性化的需求将馆藏数字资源转换为有针对性的知识化信息。例如,当面对学科建设中的定题资源检索与分析时,现成的软件产品通常无法满足读者的个性化信息需求,需要信息服务人员根据读者特定的需求利用图书馆资源进行定制化二次开发,然而受限于信息服务人才的计算机编程能力和定制化开发能力,通常只能提供定性化分析结果和初级的定量化分析结果,无法提供深层次的定量化分析结果。

(三)图书馆读者信息需求反馈意愿不强

由于图书馆信息服务基础资源不完善、信息服务人员水平有限等带来的诸多问题,导致读者对图书馆资源和服务的利用率逐年下降,对图书馆原有期望值普遍很低。因此,读者即便有信息需求,但通常不向图书馆相关人员进行表达,导致图书馆无法及时、有效地获取读者多样多变的信息需求。

二、现代图书馆面向知识化信息服务管理的策略

(一)加强信息人才队伍建设,发挥人才主观能动性

建立一支高水平的信息人才队伍,是提供高质量知识化信息服务的第一要务。对于现代图书馆来说,图书馆领导和馆员应该多方一起努力。首先,图书馆领导应该根据信息服务的要求确立合理的用人机制,形成年龄分布连续、信息技术专业背景突出的人才梯队。同时,图书馆领导要重视人才的专业再培训和再教育,形成馆内良性交流互动机制,鼓励工作人员多参加同行交流和进修,创造良好的工作氛围,为工作人员发挥自身才能提供广阔平台。此外,图书馆技术人员应该不断提高自身信息技术素质、积极参加业务培训和高水平研修班,努力使自己能够胜任图书馆软、硬件基础维护,胜任项目外包中的过程管理、高层次数据分析、图书馆信息技术培训师等角色。

(二)提高目标意识,制定中长期信息化建设规划

提供高水平的知识化信息服务,离不开图书馆的整体信息化建设。因此,图书馆领导要主动带领馆员进行多方位调研,了解行业潮流、知晓

同行发展、寻找自身不足，进而制定一个符合自身馆情的中长期信息化建设规划，形成信息化发展的战略布局。在规划过程中，要注意将对信息化发展的顶层设计细化落实到纸面上，这不仅能够帮助图书馆领导和馆员明确图书馆发展定位，也有助于图书馆利用规划方案向上级部门申请对应的项目资金以完成既定的信息化建设目标。规划的制定要集思广益，形成一个有集体共识和目标愿景的规划。规划内容应该主要包括：子项目规划、时间规划、项目资金申请与使用规划，并且在规划时应对项目优先级进行标注，注意学习利用各类各级基建、修购等项目资金，完成项目部署。

（三）发展特色知识化信息服务，调动读者信息需求

图书馆在知识化过程中难免借鉴同行已有成果和经验，但一定要注意加强自身特色馆藏建设，围绕特色馆藏发展，立足于自身的特色知识化信息服务，提高学科服务中的知识化信息服务的比重，使其能够真正起到支撑学科建设的作用。通过发展特色知识化信息服务创立图书馆信息服务新形象，以点带面，逐步调动读者的信息需求，使读者能够有意愿参与到图书馆信息服务发展中来，供需相长，不断增强图书馆信息服务能力[①]。

（四）积极进取，逐步完善信息服务的基础能力

首先，进行馆舍空间改造，不仅将图书馆空间进行装饰性更新，更重要的是对图书馆功能区进行重新划分，构建一个能够满足读者信息需求的数据中心和符合读者信息需求的功能区。馆舍空间的改造不能单纯看作是一个馆舍装修的过程，而应该将其看作一个借由空间改造进行图书馆功能改造升级的机会。这就要求图书馆在进行馆舍改造时不是单纯地增加高技术设备的讨论室、研修间，而应该在改造前预留一定时间和人力摸清馆里的资源底细，充分调研新型信息技术，通过馆舍改造这一契机来整理馆藏资源，优化业务流程，利用技术弥补差距。

①黄月．高校图书馆知识化信息服务转型对策研究[J]．中国高校科技，2019(10)：18-19.

第二节 现代图书馆个性化信息服务管理

个性化信息服务是指能够满足用户个体需求的一种服务，也就是根据用户提出的明确要求提供服务，或通过对用户个性、使用习惯的分析而主动地向用户提供其可能需要的服务。个性化信息服务的内涵主要包括两个方面：一是用户根据自己的兴趣、爱好和需求定制所需要的信息和服务；二是信息提供者根据用户的需求和特点建立起个性化的用户模型，对提交给用户的信息进行过滤，并根据用户的动态需求进行主动性推荐。其中主动性和针对性是个性化信息服务的本质特点，同时它还具有与用户交流的互动性。

一、现代图书馆个性化信息服务的特点

（一）层次性

现代图书馆主要服务对象是教师、学生和科研人员，这具有较明显的层次性，如教师可分为教授、副教授、讲师、助教等，学生也可分为博士研究生、硕士研究生、本科生等。很显然，不同层次用户的信息需求侧重点不同，所要求提供的信息服务也有所区别。例如，对于科研人员来说，他们要求掌握学科的前沿发展动态，他们对图书馆的信息服务要求体现在查新检索上；而对教师来说，主要侧重于对教学参考资料的使用与教学方法的研究上。

（二）专业性

现代图书馆的服务对象大部分是具有一定专业背景的读者，他们对信息的需求主要集中在自己从事研究或学习的学科专业及相关学科专业上。教学科研是按照一定的学科专业体系而开展的，不同学科专业的读者有着不同的信息需求，因此图书馆的服务具有较强的专业性。

（三）特色性

从服务对象来看，现代图书馆个性化信息服务是相对于图书馆整体服务而言的，它既可以针对单独的用户，同样也可以针对具有相同特征的特定群体，因为同一专业、学历等背景下的用户有着相似的信息需求。

拥有高质量的特色资源,就等于拥有自己的生存与发展的空间,就能立于不败之地。因此,图书馆的特色服务是提升图书馆形象的关键所在。图书馆要有特色服务的意识,开发特色服务的产品,打响图书馆的品牌,以此扩大图书馆的影响力。

二、现代图书馆个性化信息服务分析

(一)图书馆必须树立个性化信息服务的意识

现代图书馆的个性化服务,主要是指读者坐在图书馆或家里通过电脑联网,点击相应的界面就可以获得他所需要的全部信息。这是一种集咨询功能、文献检索功能和文献提供功能于一体的现代信息服务方式,现代模式的个性化服务,使读者在服务时间、服务方式、服务内容上都得到满足,与以往较为被动的传统式服务相比,个性化信息服务有着鲜明的特点。针对这些特征,图书馆个性化服务的出发点是建立一套个性化服务机制,而非资源的简单收藏。

要引进和吸收全新的服务理念,根据用户的不同特点和具体需求,为他们量体裁衣,定做或由用户自己定制个性化的信息产品,吸引具有特定需要的用户,获取和利用图书馆个性化的特色信息资源和特色服务,图书馆必须首先树立个性化的服务意识。

1.服务对象的个性化

服务对象的个性化是指为用户提供个性化定制服务。不同的用户有不同的个体需求,用户个体差异使其信息需求具有非常明显的个性化特色,现代信息技术促使个体信息需求观念发生变化,个性化成分进一步增强。个性化定制服务维护和发扬了用户的个性,体现了"以用户为中心"的服务理念。

2.服务方式的个性化

服务方式的个性化是指根据用户的个体兴趣和特点开展具有特色的服务。个体在心理、行为、体质、爱好、价值观等方面各不相同,这些差异造就了个性的不同,个性是个体在一定的社会环境和教育模式下所形成的相对稳定的个人性格。个性化服务就是根据用户的个体差异、个体需求来选择不同的服务方式。

3.服务内容的个性化

服务方式的个性化是指图书情报机构用一些智能软件技术为用户提供专门服务。而用户也可以根据自己的需求选择自己需要的服务,服务内容不再是千篇一律,而是各取所需,各得其所。因此,图书馆开展个性化信息服务模式,不仅是适应图书馆用户需求多样化的需要,而且是提升图书馆用户服务质量的重要手段。图书馆的个性化服务作为图书馆特色服务的进一步深化,为图书馆的生存与发展带来了新的思路与希望。

(二)现代图书馆个性化信息服务应关注的几个问题

1.图书馆队伍的素质

图书馆网络已发展成为越来越庞大、复杂的协作系统,但目前我国信息用户真正能较好地利用计算机网络查找有用信息的还比较少。这就需要图书馆对信息用户进行培训,针对不同用户群的特点,采取传统与网络教学相结合的方式,注重教学内容,让用户接受如何使用传统图书馆和数字图书馆,怎样检索专题文献以及网上信息交流等。

个性化服务对馆员的素质提出了更高的要求,由于个性化信息服务的特点是针对性强、灵活性大、小型化和系统化,在实现个性化服务时,要求馆员具备多学科的基础知识,熟悉专业学科并拥有相关学科的知识,掌握信息技术、网络、数据库、检索系统等应用技术并具备强烈的信息意识,这样才能提供高水平的个性化服务。

2.知识产权与隐私保护

由于虚拟图书的信息资源很多来源于网络,提供给用户时必然涉及一些版权问题。因此,图书馆应提高版权意识,避免出现侵权问题。另外,为了更好地开展个性化服务,用户的个人信息是不可缺少的,这就涉及用户的隐私问题。个性化服务系统必须在技术上保证个性化服务的安全性,要求使用安全认证技术保护用户的隐私,同时,要鼓励用户积极提供个人信息,形成良性循环。因此,图书馆可以综合多方面的意见,制定出较完善的用户隐私保护政策,并提供设定用户隐私公开程度的工具和运用先进的保护技术等①。

---

①李洋.公共图书馆个性化信息服务模式研究[J].内蒙古科技与经济,2020(02):106-107.

3.交叉服务与资源共享

现阶段,互联网上存在众多用户与众多图书馆,这就必然会产生单个用户与多个图书馆或某个图书馆与众多用户之间的交叉重叠服务的问题。因此,最好能把不同的系统用户组成一个方便共享的机构,以利于系统对信息的判断与分流,实现一个具有个性化的服务模式。

三、现代图书馆个性化信息服务的实施

随着计算机的应用,特别是互联网的普及,信息的膨胀和技术的进步,传统图书馆的运行体制和服务形式,日益暴露出其重藏轻用、效率低下、时效缓慢、程序烦琐等种种弊端。现在,较先进的图书馆都开始引入计算机和网络技术,建设网络载体的数字化图书馆,在适应当前信息量急剧增长的同时,也针对信息需求的变化,开始推行信息个性化服务。

图书馆的信息个性化服务,改变了传统的信息服务关系,就是以用户为中心设置服务体系,以需求内容为指导设计服务项目,以客户特点为参照组织服务活动。信息个性化服务改变了图书馆内外组织运行格式,重新排列了其工作程序、任务重心、优先顺序,促成了图书馆整体功能、运行方式、管理技术的一系列改革发展,已经成为现代化图书馆的主要服务形式和标志性特征,是图书馆发展的必然方向。

欧美发达国家的图书馆,为了提高工作效率,改善个性化服务,大多引入了企业管理中的BPR运营理论。20世纪90年代,美国的Hammer博士提出的这一企业再造理论(Business Process Reengineering,BPR),强调以过程的连续性和有效性为目的,打破部门界限来组织工作流程、配置可用资源。欧美图书馆引用这样的运行理念,依照客户个性特点与需求,建立起突出个性化服务的业务模式、工作程序,实现了现代图书馆反应快捷、高效低耗的运转功能。

图书馆的个性化服务的体系重组,体现在服务方式的多样化、服务手段的数字化、运行体系的目的化和信息提供的系统化。在信息空间迅速扩展的形势下,人们对信息的兴趣和需求逐步离散,差异越来越大,满足这样日益复杂多样的信息需求,实施图书馆的个性化信息服务,必须在体系重组中解决好技术准备和流程再造两个领域的关键问题。在技术领域,图书馆个性化信息服务的实施,必须以现代通信技术、网络数字技

术为依托，多种存储、检索、传输、交换技术相互交融渗透，来提供所需的技术支持、保证条件。其中，关键是要完成好信息搜索、信息挖掘、信息组织和信息服务提供的技术准备。

（一）信息搜索

现代图书馆的信息资源，是建立在广泛交互基础上的信息共享。而当前的信息总量，每天都在以几何基数急剧增长，依靠传统的手工作业，根本无法进行信息搜集整理，必须建立使用数字化的搜索引擎，来实现大容量的信息查询搜索。搜索引擎（Robot）是一种利用Internet平台快速搜索、连接相关信息资源的信息发现工具，涉及HTTP数据传输标准协议、HTML数据传输语言、分词技术、数据存储和GGI网络接口技术，是网络技术中最核心的引导技术。针对个性化的信息服务要求，图书馆要建立使用适应自身资源和客户特点的单元快速搜索引擎、垂直专业搜索引擎、独立设置搜索引擎和特色智能搜索引擎。

（二）信息挖掘

在各类存储载体中，特别是Internet网络空间，承载着大量模糊、潜在的信息资源，仅仅利用设置条件的随机搜索，难以全面搜集有效的使用的信息。Internet中一般都在使用Web信息挖掘工具来进行信息组织，但其信息发现范围和搜索精度均存在一定的缺陷。国际上比较先进图书馆的信息挖掘多使用OLAP（联机分析处理）工具来帮助我们进一步广泛、快捷、专业、准确地发现索引所需的信息资料。在引进消化这些先进技术同时，我们还可以探索建立适合我国图书馆系统的信息整合工具，为信息挖掘提供便捷通道。

（三）信息组织

目前，网络传输的信息资源组织，都是通过公用搜索引擎、通用信息挖掘工具来完成的，其选择性和挖掘效果，对于千差万别的个性化信息需求，仍显不够方便实用。要帮助客户在最短时间内，在海量的信息流中检索查找到真正有用的资料，还要开发更好的信息组织整理工具。国内外已经提出了元数据（结构化数据描述）、ASP（服务器动态网页）、JSP（动态网页扩展）和XML（结构化中介描述格式）等一系列提高信息组织效率的工具或理论设想，主要是在常规的信息搜索、挖掘方法的基础上，通过更细致地对所需信息的描述、搜索限定，为用户更加精确地组织整理出适合要求的有效信息。

（四）信息服务提供

信息个性化服务，要求我们除了要在内部信息存储、检索以及组织上提升技术水平以外，更重要的是全面充实、改进向用户提供信息过程的服务技术。根据我国图书馆体系的具体情况，一方面，要以国家图书馆为核心，在建立信息资源共享体系的同时，协调建立交互式的客户服务连接体系；另一方面，要积极探索开发延伸窗口功能的客户随身服务的技术条件。未来的图书馆，不仅要存储、管理信息资料，还要存储、管理个性化的用户档案和需求资料。因为只有切实完善了服务延伸条件，才是真正地以客户为中心建立起了新型的、个性化信息服务体系。

在足够的技术支持条件下，实施个性化信息服务，在操作上就是个性化服务体系的建设。其主要思路是图书馆工作立足点的根本转移，就是改变传统的以馆藏资料为中心的运行模式，重新建立围绕客户需求，提供主动、个性化信息服务的业务组织体系。首先，要调整内部组织重心，重点建设服务端口。根据端口传来的需求信息，再造后端的管理、保障程序。其次，要建立用户档案，分析用户需求，监测用户流动和需求变化。及时调整信息储备方案，改进优先检索工具。最后，要提高队伍素质，改进服务作业水平。完善员工业务培训、服务培训制度，建立用户联系机构，设立主动服务标准。同时，要不断推出和改进适应用户要求的服务方式，逐步开发用户随身的延伸服务，用户提议的协助工作式服务。

探索图书馆业务组织形式的改革，实施个性化信息服务，是当代图书馆发展的必然趋势。同时，推行个性化信息服务的业务组织模式，不仅会引导我国图书馆事业向现代化水平迈进，而且对扩展图书馆功能，营造图书馆新型运营体制都具有十分重要的理论意义和探索价值。

第三节 现代图书馆人本化信息服务管理

图书馆的每个用户都不应因为年龄、种族、性别、宗教信仰或社会地位的不同而受到不公正的对待,每个人享有平等接受图书馆服务的权利。对那些不能正常享受服务的用户,图书馆应该向他们提供多样化的特殊服务,例如残障人士、病人或监狱囚犯等,都应得到图书馆为其提供的信息服务和资料,这样有助于消除知识、信息贫富之间的差距。

《图书馆宣言》指出,图书馆是一个开放的知识与信息中心,以公益服务为基本原则,以读者为一切工作的出发点。用户在图书馆事业的发展中起决定性作用,只有在对用户的服务中才能充分展现出图书馆的传递属性。要想提高图书馆服务质量,就要处处为用户考虑,设身处地为用户提供他们需要的服务。

一、现代图书馆信息服务人本化的本质

现代图书馆的一切活动都是围绕用户展开的,所以图书馆信息服务人本化的本质就是一切工作以用户为根本的出发点和落脚点。

图书馆信息服务人本化就是以用户为中心的服务,尊重用户,千方百计满足用户对信息的需求。想用户之所想,急用户之所急,让用户用最少的时间和精力,获得最新、最适用的知识、信息,从而发挥图书馆的最大效益。在图书馆管理中体现的人文关怀,例如,依靠人力资源,开发人的潜能等等,这些都是为了更好地为用户服务。

在图书馆的服务中,核心是“人”,也就是图书馆用户,用户被置于图书馆工作中最重要的地位,而不是员工。图书馆员工在工作中扮演的是辅助图书馆服务用户的角色,培养良好的沟通技巧,无论哪个职位或部门员工的价值都应该被重视,员工合理的需求应该得到满足。同时,员工应该首先考虑用户的需求,以用户为根本,通过加强自身综合素质的提升,不断提高服务质量。

以人为本的服务本质是为用户服务,要完全实现图书馆信息服务人本化需要做到以下几点:首先,把用户放在首要地位,把用户作为重要的

资源，以用户的需求和特征为根本，服从于用户；其次，尊重用户，既要顾及每个用户的共性，又要尊重每个用户的个性化需求，不管用户地位高低、能力差异，都应该让用户得到尊重和满足；最后，服务于用户，转变管理员工的观念，即把对员工的管理活动转变为对用户的服务活动[①]。

二、图书馆人本化信息服务管理的策略

（一）营造人性化的信息服务环境

1.建筑环境的人性化

（1）定位和选址

选址是图书馆应该考虑的首要因素，图书馆主要是为用户服务，因此，图书馆的定位一定要方便用户。尤其是公共图书馆的选址，需要考虑图书馆所在地的地理环境、人文历史、当地的人口规模及素质，有了这些才能更好地确定图书馆的规模和建造风格。

选址是在建设图书馆之前首先考虑的重要因素，图书馆的服务要做到人性化，首先就要能够吸引来用户，并且方便用户来到图书馆。例如，公共图书馆的选址要将其建设在当地的中心地带，而且要符合地势广阔、优美静谧、交通便利、远离污染源的要求。

（2）建造模式与设计

现阶段，图书馆要建设成藏、借、阅一体化已经成为图书馆界的共识。这种模式指的是每一层高度的同一性和使用功能的互通性。柱网相统一有利于使用空间的灵活调整和合理安排。室内的设备可以拆分并且轻松移动，光线、通风、电源插座和计算机都要平均分配，并且要留有剩余的空间方便调整和扩充。

（3）建筑周围环境

优美的自然环境能陶冶人的情操。图书馆围绕馆舍设置假山、人工湖、喷泉、草坪，能够凸显图书馆的寂静和文雅。绿化也是周围环境的重要因素，绿化可以美化环境，衬托图书建筑的艺术效果，还可以净化空气、降低噪声，能使人接近大自然。除绿化之外，图书馆还应充分利用建筑物外的空间，如利用水体点缀环境。水能减小灰尘，增加空气湿度，通过水声更衬托出图书馆的幽静。

---

①关淑红．图书馆人本化管理理念之我见[J]．现代交际，2010(03)：203-204.

2. 图书馆阅览环境的人性化

(1)装饰彰显文化底蕴

图书馆的室内装修要简单明亮,要让用户有既清新又高雅的感觉。同时,也要给用户营造安静、舒适、和谐的借阅环境,并且要彰显浓厚的学术气息,这样可以提高用户获取信息、学习知识的效率。

在图书馆的走廊上要有壁画、书法、名言警句等装饰,还可以摆放一些有意义的雕塑等。这样的布置在美化图书馆环境的同时,也能给用户带来美好的享受,有助于用户想象力和创造力的发挥。

(2)色彩柔和度适中

多放置绿色植物,利用它们可以描绘出丰富多彩的室内环境气氛。所以,图书馆的书架和书桌大多数采用冷色调,以浅灰、淡青居多。室内空间的主色调要以安静、稳定的柔和色彩为主,不宜过于浓重,色彩的纯度不能过高,这样才有助于用户集中注意力。

(3)配置人性化家具

图书馆的家具要和人、环境相辅相成相统一。在颜色、材质和外观设计上,都要形成一样的风格,同时还应该与室内建筑环境协调,与整个图书馆的建筑风格相统一。图书馆的桌椅设计要符合人体结构特点,阅览桌的角度要能为用户提供适宜的定位,例如,桌面可以旋转和调整,椅子的靠背要灵活,这样,可以保证用户不至于因为久坐造成身体不适。

3. 图书馆布局的人性化

图书馆应该为来往的用户提供免费停车位及存包处,而且要保证停车位和存包处的数量足够用户使用。在进门大厅最显著的位置设置问询处,发放图书馆使用手册,更为重要的是要保证问询处的人不能擅离职守。在每个楼层,要设置有文献信息分布的计算机导读触摸屏,而且操作系统要简单易懂,在主页还应设置意见留言。

在馆内设置盲人专用的阅览室,为行动不便的用户设置专用通道,并配备残障求助电话,在阅览室放置残障人士专用座椅。在每个楼层放置冷热饮水设备,出入口处放置雨伞、复印机,这样的设施配备有利于用户从烦冗的手续中省时省力。在每个楼梯口应该配备该楼层的分布图及相应的检索机器、自动复印机等等。用来参考的书架不宜太高,摆放在入口处最合适,这样可以较容易地将其与普通书架区分开,同时也不会阻碍用户的视线。

(二)建立完善的以人为本的规章制度

1.建立必要的奖励制度

适当的奖励制度,有助于发挥图书馆规章制度的警示和导向作用。图书馆应该提倡预防为主,对违规的用户教育第一,轻易不罚,罚款只会僵化用户与图书馆的关系。规章制度中要注意语言表达的艺术性,用新颖、亲切、文明的语句阐述规章制度的内容,让用户感觉到图书馆的规章制度也充满了亲切感,各项制度要给用户以利人利己的劝告,让用户感受到图书馆的友好,采取委婉的态度征求意见。这样才能使用户感觉自己得到了尊重,乐在其中。

2.建立具有创新性的制度

第一,人事管理制度的创新。大部分图书馆还在使用以前陈旧的管理体制,缺乏适应当前社会环境的竞争机制、激励机制以及自我实现机制,这在很大程度上阻碍了馆员创新能力的发挥,制约了图书馆的进步和发展。图书馆要想发展,就要与时俱进,不断开拓创新,人事管理制度更是如此。图书馆要建立定岗定编、竞争上岗、轮岗、社会公开招聘等聘任制度;要建立岗位不同、业绩不同,即工资和奖金就不同的奖惩制度;建立严格的职称评审制度;等等。

第二,网络环境下的制度创新。随着网络技术与通信技术的快速发展,图书馆网络环境下的管理制度也要有所创新和变化。馆藏系统与目录数据库的建立会使得图书馆的运行方式产生较大不同,如文献编目、著录、检索、借阅等。而随着更多新技术的开发利用,文献加工流程大大简化,部分岗位削减、合并。开放的网络环境会带给读者更多的服务内容,如网上预约、续借等。而图书馆也可以利用网络开展馆际互借、文献传递、网络公告、读者论坛、意见反馈等多种方便、快捷的业务。在新的技术带来全新服务的同时,也带来了新的课题和新的制度要求。所以,现代图书馆的快速发展离不开制度的创新。

3.建立严格的职业准入制度

一直以来,图书馆有一部分员工都是被安置人群,所以严格的职业准入制度对图书馆十分重要。缺少这种制度会让很多非专业人员进入图书馆的专业岗位,这样员工的职业素质就普遍偏低,也让图书馆学相关专业的人员找工作难上加难。缺乏专业素质的员工,业绩考核制度的不完善等因素,极大阻碍了图书馆事业的发展。

专业性知识的支撑以及高素质人才的储备是图书馆发展的核心动力。要想形成良好的专业教育延续和高素质的人才储备并不是要降低自己的门槛,反而是要建立严格的准入机制。以日本的图书馆为例,馆员要想通过入职考试,就必须要精通专业知识,掌握图书馆学、情报学的基本理论。只有具备相应的专业知识保障,才能为用户提供高水平的管理及服务。

(三)加强信息资源的建设

1.推进图书馆信息资源结构升级

信息要不断地更新和循环才能维持信息生态系统的平衡。这就要求图书馆必须要根据最新的信息资源不断优化信息资源配置,适时变更图书馆信息资源结构的存在形式。信息资源建设的好坏和更新的速度关系到数字图书馆信息服务的质量,因此,数字图书馆的信息资源仅仅有庞大的数据远远不够,还要有完整的分类。必须做好各类信息资源的共建共享,这样才能使图书馆信息资源全面有序地运转。

2.建立用户反馈机制并使用相应的服务方式

图书馆要针对用户的不同反馈改变自己的服务方式,建立因人而异的信息服务方式。图书馆要不断适应新环境,及时更新和补充新信息,并且要对用户的反馈进行深入挖掘,这样才能形成良好的信息循环。图书馆在为外界提供信息的同时,也要接纳用户的反馈信息,然后进行分析和挖掘,再依据分析结果改变服务的方法,形成立体交叉式的信息服务模式。立体交叉式的服务是指利用用户的反馈结果,用户和图书馆之间互相交流、学习、共同促进的服务形式。如此,可以使图书馆获得大量及时的建议,有利于图书馆解决用户实际存在的问题,提供符合用户实际需要的信息服务。

3.加强馆藏文献数字化建设

纸质文献逐渐趋于数字化是图书馆现代信息资源建设的基本要求。为了使得馆藏文献信息的社会化效益得到充分发挥,读者对信息的需求最大限度地得到满足,图书馆要不断加强信息化资源建设,同时要善于挖掘和利用自身所在学校、城市的多方资源,加强数字化的基础建设。

例如，高校图书馆可以通过建立本校硕博士论文、文摘数据库等增加馆藏文献的共享范围，提高本校研究生论文的被利用率。如此，既解决了学校图书馆文献不易流通的问题，也为用户提供了人性化的信息服务。

4.净化网络信息资源

随着网络走入人们的视野，人们的工作、生活方式随之不断发生改变。网络在提供便捷的同时，也带来了大量的负面信息，导致了信息化污染，为现代社会的政治、经济、文化建设带来了诸多不利的影响。面对这些虚假、色情、迷信、反动的信息，图书馆作为信息输出的重要集散地，要树立自身的责任感，努力为用户提供优质、洁净、健康的网络信息资源。提供优质服务，不仅要为用户提供优质的硬件服务，还要对图书馆自身及员工进行道德考量。要对网络进行监控，杜绝垃圾网站，屏蔽不文明信息。设立专业的网络管理员，通过净化网络环境来阻止读者的身心健康受到损害，营造良好的信息服务环境。

5.构建特色数据库

就目前具有多样化信息资源的数字图书馆来说，信息资源的建设十分重要。为了给用户提供完整、准确的信息资源，就要对信息资源进行有效的整合，加快信息资源结构升级，继而建立特色数据库。换言之，就是依据一个专门的主题把与它相关的信息整合到一起，形成信息流。不同的图书馆要根据自身环境和不同用户群建立具有自己特色的馆藏资源和数据库，再把搜集到的各种数据进行分类处理和合理化加工。特色数据库会对不同的资源进行合理的分类和加工，从而形成具有专业化特色的数据库。使用特色数据库可以提高用户使用数字图书馆的效率，让用户对原本枯燥的数字图书馆产生兴趣。因此，建设特色数据库对于图书馆来说十分必要，是图书馆适应当前信息潮流的必经之路。

（四）建设高素质的人才队伍

1.提高馆员专业知识的综合能力

图书馆馆员是专业技术人员，具有良好的图书馆学专业素质是一个合格馆员的基本要求。由于各种网络技术、通信技术被应用到图书馆，现代图书馆的文献资料结构、信息处理方式、服务内容以及方法等方面不断地产生变化。图书馆馆员在熟悉本专业理论和实践的同时，也要有能力应对数字化图书馆带来的挑战，完成从图书管理员到信息导航员的转变，做好图书馆的信息服务工作。此外，图书馆馆员还应具备一定的科学知识，熟悉一门以上其他学科的知识，以便判别文献资源的质量和使用价值，准确地向用户介绍馆藏文献信息，帮助用户利用和获取信息。

2.提高外语应用能力

现代图书馆数字化、网络化的工作环境，要求图书馆员至少掌握一门外语，熟练掌握一门外语是图书馆工作的需要，尤其是英语。据统计，目前互联网上90%的信息资源是英文，与之对应的是我国图书馆员工外语水平的欠缺。没有熟练的阅读、提炼外文资料的能力，就会使得外文资料的利用率整体偏低，也会成为与国外图书馆开展联机检索及馆际合作，及时通过国外网站获取先进的信息，完成西文编目等大量工作的障碍。熟练地掌握英语，以便最大限度地开发和利用信息资源，对各种信息深加工、深处理，从而为广大用户服务，帮助用户运用网络获取有用的信息。

3.熟练应用计算机、网络等现代信息技术

由于先进技术在图书馆的广泛应用，信息处理手段遂呈现出高度自动化的趋势，图书馆信息的处理、储存、检索、交流、服务等都发生了巨大的变化。这就要求图书馆员工不仅要有专业的图书馆知识，还要不断学习、提升自己，不断掌握新技术。计算机技术已经在图书馆运营中得到了广泛的应用，文献检索、图书馆业务的信息化管理等都离不开计算机的使用。员工不仅要熟练掌握网上编目、网上查询、网上借记等业务的基本操作方法，还要善于对软件进行分析、开发，不断适应用户不断变化的需求。

4.提高职业道德素质

图书馆的首要工作任务是为大量用户提供信息服务，做好信息服务，图书馆员工的高尚道德情操必不可少，只有真正热爱自身工作岗位，乐于奉献，才能更好地为用户提供信息服务。在提供信息服务的时候，要保证信息的真实完整，保护用户的信息隐私，积极整合各类用户需要的信息资源，方便用户，乐于通过提升自身专业技能，提高服务能力。与此同时，工作人员要通过自我调节保持良好的工作心态，积极主动地工作，不把个人的不良情绪带到在信息服务过程中。要不断强化自己对职业的敬意、自豪感和使命感，踏实做好图书馆信息服务工作，展示自身在服务工作中的价值，提高图书馆信息服务的效率，更好地诠释图书馆的价值。

5.加强培训与继续教育

在信息量逐日剧增的今天，对图书馆员工比以往就会有更高的要求，员工必须终身学习，才能适应图书馆发展的要求。因此，对图书馆在职员工的培训，必须保障一定的培训时间，培训内容除了设计图书馆专业知识、计算机基础知识、网络技能、基础英语，还应该有其他专业的培训。

专业的培训可以使员工不断地对工作内容进行知识累积、更新，不断提高自身业务技能以及综合素质。图书馆要通过加强培训宣传、增加培训人员、扩大培训范围、扩展培训内容、改善培训形式等一系列手段使得培训工作落到实处。优质的服务工作是图书馆内每一个员工的事，所以培训也不能只针对直接面对用户的服务人员，而是要使每个人都通过培训提高自己的各方面的素质，培训的内容也不应局限于图书情报方面的知识，还要涉及不同领域、不同学科。

（五）通过多种手段满足用户人本化需求

1.树立主动服务理念

图书馆员工要主动关心、贴近读者，如果工作人员缺乏主动性，那么图书馆的运行将变得机械化，不利于图书馆信息服务效率的提高。图书馆系统作为动态发展的整体，受到每个要素变化的影响，而工作人员在图书馆系统的协调运行中处于主导地位，对动态因素起到协调作用。面对运行中产生的矛盾，图书馆员工要利用自己的主观能动性及时解决问题。图书馆工作人员要提高自身的能力水平，密切关注用户的信息需求，积极主动地向用户提供服务。

2.了解和满足用户普遍需求

一线部门通过与读者的直接交流了解用户的需求，通过意见簿、信箱、留言板等多种形式收集读者的反馈信息，并及时向相关部门传达。随着信息化社会的不断发展，图书馆可以通过网络开通各类专栏与读者沟通，可以大量、直接地了解用户的要求。对用户的诉求进行汇总，对于普遍存在的问题及时整改，适当地改变自身环境，简化手续流程，最大限度地在时间、空间上为用户带来便捷。

3.了解和满足用户多样化需求

图书馆的信息用户是非常大的群体，由于不同的爱好和职业，用户的需求也不尽相同，图书馆受经费、规模等多方面的影响不可能满足每一位用户的要求。这时，就需要图书馆员工开动脑筋，尊重读者的个性化人格和个性化需求，最大限度地使用户需求得到满足。

通过检索用户访问记录，在总结读者普遍需求的同时也要对一些特殊重要问题进行关注、解决。例如，针对资料不足的情况，可以采用资源共享的方式，通过馆间互借、原文传递等扩大图书馆资源。针对残障、年迈等特殊读者，要有相应的绿色通道及相应设施对其进行特殊照顾。要安排专人对读者进行进一步的拓展服务，例如讲座、培训、网络课堂等，让读者从进馆后就能够体验到图书馆为他们带来的人性化。

4. 实行用户参与管理

图书馆就像是面向社会的大学，每一位读者都是来到这里学习的学生。大学拥有学生组成的学生会等团体来参与学校事物，图书馆也应让用户参与到图书馆的管理建设中来。用户参与管理工作，能够充分调动用户的参与意识，能够更全面地总结和维护用户在接受服务过程中的各项权利，如平等权、隐私权。组织用户协会并定期召开座谈会，提出图书馆存在的问题，与图书馆员工共同探讨解决办法。这样做不仅能够让用户切身感觉到自己的主人翁地位，而且能开阔图书馆的视野，从而拥有更加广泛的“智囊团”。

5. 拓宽服务用户的领域

图书馆的服务不应只局限于检索、借阅、科技查新等传统项目，还要扩大对用户的服务项目。针对用户的需求，对理工、人文、经济等多个学科进行专业辅导，同时安排专人解答读者的疑难问题。要充分利用网络资源，设立学科专区，形成虚拟咨询台。图书馆还要树立文化推广的责任感与使命感，通过多种渠道向用户宣传民族传统文化，宣传中华典籍，介绍史书、名著，也可通过短信息、邮件等形式定期为有需要的用户发送图书咨询、科普知识等，使用户感受到人性化的信息服务。

第五章 针对不同群体的图书馆信息服务管理

第一节 针对老年读者的图书馆信息服务管理

图书馆在信息与用户之间发挥着桥梁作用,保障用户能够平等地获取印刷制品及电子资源记载的信息,图书馆信息服务的意义在于使用户能获取正确的适用信息,使生活更加便利。图书馆应充分发挥馆藏特色,针对老年读者的心理特点、阅读特点、阅读需求,完善图书馆的服务设施,加强图书馆的管理,不仅仅是将老年人作为弱势群体的一部分来看待,更是将老年人作为用户群体来看待,找出图书馆在老年读者服务工作中当前存在的问题,改进图书馆服务。

一、老年读者的特点和类型

(一)老年读者的特点

1.生理老化

老年人经历了幼年、青年、成年,身体内部发生了各种老化改变,这是人体随着时间的推移而形成的不可避免的自然衰退、老化、消亡的过程。随着年龄的增长,老年人在身体反映上会出现视力下降、长时间不能保持同一姿势进行阅读、听觉退化等生理现象,而在思维模式是会出现认知障碍、记忆衰退、阅读理解能力下降等情况。他们必须借助辅助设备进行阅读与沟通,这增加了利用图书馆的难度。

2.心理老化

老年人在退休后,一般因为失去原有价值感,容易产生心理疾病,产生脱离社会的“失落感”,希望能有个途径能使自我价值再次实现。老年人希望生活在道德素质高的社会环境中,可以受到社会的关注与尊重,需要得到对老年人社会地位的认同。

3.可支配时间充足

我国将年龄上超过60周岁的人划分为老年人，在这个年龄阶段，大多数人已经离开了自己的工作岗位，可自行支配的时间变多，越来越多的老年人选择来图书馆借阅图书、交流感情。

4.对电子产品生疏

产生这种情况的原因如下：一是老年人由于生理、心理老化，对信息技术掌握能力有限，操作能力弱；二是受老年人生长环境影响，缺乏信息技术等相关知识；三是电子设备更新换代快，老年人接受新鲜事物能力有限，会使用电子设备的老年人只有少数。

（二）老年读者的类型

1996年，“五个老有”被编入《中华人民共和国老年人权益保障法》，即老有所养、老有所医、老有所为、老有所学、老有所乐。邵显升等大多数学者根据老年读者需求特征将老年读者分为老有所乐型、老有所学型及老有所为型。

1.老有所学

老有所学这类老年读者对学习有着极大的热情。这部分老年读者教育程度较高，退休前就热爱学习阅读，老年人在退休后休闲时间变多，有更多的时间用来学习知识。他们认为学习知识不仅是消磨时间的好方法，也是陶冶情操的好方法，不同于在老年大学所获得学位学历，“老有所学”只是老年人乐于掌握新知识、新技能，找到一个途径与社会接轨，不甘落后于社会，落后于年轻人，他们是为了实现“以学促为”和“学为结合”。

2.老有所乐

老有所乐这类老年读者来图书馆主要是为了休闲娱乐。大部分老年人来图书馆并没有明确的目的，只是单纯地找个场所与其他老年人沟通交流，图书馆作为公益性场所，配套设施建设完好，是为老年读者提供休闲娱乐的好去处。很多老年人认为图书馆冬暖夏凉，还有很多同龄人，很适合在图书馆进行沟通交流。此外，图书馆还是读书看报的好去处，提供免费的最新期刊、图书，这对很多经济条件并不是很好的老年读者来说是非常重要的。社区图书馆根据“老有所乐”的特点，设置了老年人活动中心（活动室），丰富老年人的文体活动，选取合适的老年人作为领导,既满足老年人乐于交流,又提供了场所开展老年人的活动。

3.老有所为

老有所为这类老年读者来图书馆,多是借阅一些工具书,获取专业性的知识,借阅法律方面、教育方面或者家电维修方面的书籍,用以解决工作和生活中出现的问题。大部分存有"老有所为"心理的老年人在年轻时多是技术骨干,他们在技术上颇有建树,在退休后还愿意继续将自己的经验、知识贡献给社会,处于"积极养老"的状态。

二、图书馆为老年读者信息服务的内容和意义

(一)老年读者信息服务的内容

老年读者由于其自身特性,图书馆为其提供的信息服务多为外借服务、阅览服务、文献复制服务、文献检索服务、参考咨询服务、读者教育服务等。

(二)老年读者信息服务的意义

图书馆为老年读者提供信息服务的意义在于为老年读者提供知识与技术,帮助他们从大量的信息源中全面、系统地检索所需信息,最终获得正确、恰当信息。

1.满足老年读者对信息的需求

老年读者是图书馆关注的重点用户之一,如何满足老年读者日益增长的信息需求是图书馆急需解决的问题。老年人离开工作岗位后,图书馆成为老年人休闲、学习的重要场所,成为老年人心灵上的栖息地,图书馆为老年读者提供信息服务,一方面,满足老年读者的信息需求;另一方面,老年读者的信息需求也在影响图书馆的自身发展。

2.保障老年读者获取信息的权利

信息获取权是老年读者最基本的一项权利,图书馆在保障老年读者信息权利时,要从保障老年读者获取信息的权利出发,《图书馆宣言》指出:作为一种民享民有的民主化机构,图书馆必须依法设立和运作,必须全部或大部分由公费支持,对其所在民众,一视同仁,给予同等的免费服务。这就意味着图书馆要为老年读者提供必要的服务,以保障老年读者的获取信息的权利①。

①罗劭婷.济南市区公共图书馆老年读者信息服务研究[D].昆明:云南大学,2018.

三、针对老年读者的图书馆信息服务管理优化

（一）图书馆应加大对老年读者的重视

我国图书馆在开展老年读者服务工作中，只是将老年读者作为弱势群体的一部分，重视老年人的特性，考虑老年人的身体状况，在基础设施上进行建设，调整一些布局设置，但是并没有考虑读者服务这一方面。图书馆认为老年读者来图书馆的目的都是休闲娱乐的，不需要特色服务。由于图书馆定位的偏差，导致工作人员的服务工作不到位，只能提供表层服务。

获取用户信息，了解用户需求是提供服务的前提。图书馆应该了解老年人的兴趣，确定老年人的需求，以此来评估和判断图书馆馆藏、服务如何开展，满足老年用户群体的需要。首先，要获取不同背景的老年读者的信息需求，考虑因为年龄不同、性别不同、教育程度不同、身体健康程度不同、语言不同、网络技能不同、信息获取途径不同等，导致的信息需求差异。其次，要获取老年读者日常生活中的信息需求，对比老年人在退休前后的需求差异，从老年读者的阅读喜好、信息设备掌握程度入手，获取新的信息需求。再次，要与老年机构合作，通过机构与老年人建立联系，获取不同老年群体的信息需求。

（二）增强老年读者获取信息服务意识

老年人由于心理老化、身体机能老化，与社会断联，很容易产生心理问题。通过上述调查显示，老年读者过分依赖纸质文献，对图书馆进行了错误心理定位，认为图书馆只是借书、还书的场所，忽略了图书馆的信息服务。老年读者对信息设备的了解少，多数老年读者不会使用检索信息设备，在面对新鲜事物时，老年读者一般采取回避的态度。

图书馆应该引导老年读者树立信息服务意识，工作人员要主动为老年读者提供信息服务，而不是在老年读者需要帮助时才提供帮助。例如，图书馆可以定期招募热心、有爱心、身体健康的老年志愿者。老年志愿者具有相同的心理定位，沟通交流更加方便，可以帮助其他老年读者更快地融入图书馆，帮助老年读者增强信息意识。

(三)完善图书馆基础设施建设

1.建设符合老年读者信息需求的馆藏资源

这是文献资源建设的图书馆基础的基础。图书馆属于公益型图书馆,其主要任务是满足人们日益提高的精神和文化需求,促进全民素质的提高,只有根据图书馆的主要任务决定资源建设的重点范围,并有针对性地入藏书刊,才能较好地满足读者的需求,完成社会赋予图书馆的任务。

图书馆还可以在采购书刊时,建立老年读者阅读档案,充分了解老年读者的基本情况,包括年龄分布、到馆目的、到馆频率等,科学合理地增加馆藏数量,及时更新文献信息。

根据老年读者的信息需求,购置适合老年人阅读的书籍,可以继续订阅如《中国老年报》《老年生活报》《老人报》等具有现实性质的报纸,还可以订阅《中华保健养生》《中老年保健》等具有保健性质的报纸。老年人由于记忆力下降,不喜欢阅读长篇小说,图书馆可以购置一些故事情节较强的短篇小说。部分老年人对天文地理历史知识、生活技能知识感兴趣,图书馆应当考虑老年人的身体健康因素,购置一批字号较大、印刷清晰、通俗易懂的图书,为老年人提供借阅。

2.设置适合老年读者的服务设施

图书馆可以在一楼设置老年读者阅览室,在阅览室放置老年人喜欢阅读的书籍,或者如天桥区图书馆一样,由老年读者"点书",他们喜欢什么书籍图书馆就依照老年读者的意愿购置什么书籍。

图书馆在公共服务设施的建筑和环境设计中应该注意要保证老年人身心安全,防止身心受到损害,应当在墙壁、楼梯处、电梯旁设置扶手,避免移动障碍。在门窗、开关把手、电源开关、墙体颜色、整体布局都要考虑老年人的特点。在显眼的位置设置图书馆楼层标识。

图书馆应新增信息设备的购入,帮助老年读者学习信息技能。或者成立专门的老年读者机房,保障老年读者的使用。老年读者由于身体健康原因存在视力不好、听力较弱、行动缓慢的缺陷,应当在老年读者的机房里,配备专门的辅助信息设备。

3.加强人才队伍建设

图书馆需要了解老年读者真正需要的是什么,通过工作人员对老年读者进行阅读指导,为老年读者开展参考咨询、文献检索培训服务,让老年人了解什么是图书馆职能，怎么利用这些职能。图书馆要加强培训在职干部，完善图书馆职业资格认证制度。图书馆可以进行短期集中培训，解决图书馆工作中出现的一般问题。

老年读者是图书馆的特殊群体，工作人员在工作中不应当忽视他们，也不应该对他们区别对待，要提供三心服务，给老年读者足够的爱心、耐心、细心；还要为读者提供主动服务，做到为书找人，为人找书，提高图书馆的图书利用率，同时也扩大图书馆的影响。

组织信息和提高服务质量要靠图书馆工作人员来完成，工作人员的综合素质直接影响到图书馆的服务质量，甚至影响到图书馆竞争发展的能力和兴衰成败的命运，图书馆一定要加强人才队伍建设。

根据现阶段老年读者信息素养缺乏的现状，工作人员还可以向老年人推荐满足老年人信息需求、适合老年人阅览的网站，向老年读者介绍图书馆网站的使用、数据库的使用等。

（四）完善图书馆提供的信息服务

1.完善信息培训内容

图书馆应当吸取国外图书馆的先进经验，因地制宜地发展自己的图书馆。例如，美国多数图书馆开设了免费的计算机培训课程，设有中老年读者计算机中心，对老年读者进行培训。总结国外图书馆为老年读者开展的培训活动，吸收先进经验，结合我国实际，图书馆可以开设一些优质的老年读者培训项目。首先，在制定课程计划上，要充分考虑老年人的信息基础，在老年读者中先进行问卷调查、走访谈话，了解老年读者的信息需求。其次，要为提供适合老年读者理解的讲义，让老年读者在参加培训前有所了解。再次，在授课方式上，对不同老年读者采取不同的培训方案，对不会使用计算机、不了解计算机知识的老年读者，先从计算机显示器、主机、鼠标、键盘等一些硬件基础设施讲起；对一些已经了解基本知识的老年读者，教授进一步的基本知识，让老年读者体验网络信息带来的乐趣；而对一些对计算机有极大兴趣又了解知识相对丰富的老年读者，可以采取日常一对一馆员专项信息教授，这样也避免了资源的浪费，调动老年读者学习的积极性。

2.加大信息培训宣传力度

老年读者对图书馆的利用程度较低，多数老年人只是来图书馆读读报纸、看看电影、与其他老年读者聊天的。由于图书馆的知识培训宣传期短、名额有限，很多老年读者并不知道图书馆开展过培训活动。在这种情况下，图书馆更应该通过一些渠道宣传图书馆馆藏资源、信息服务内容等，邀请一些老年读者来馆参观，并通过这些老年人向社区内其他老年人进行二次宣传，增强图书馆的影响力，让更多的老年人知道图书馆是什么、是如何为老年人服务的，吸引一些潜在老年读者。

现在很多图书馆还和老年大学有合作关系，可以通过老年大学等相关工作部门，向老年人宣传图书馆的信息服务内容及各类资源、开办活动等，极大地调动老年人来图书馆阅读的积极性。

3.提供针对性的参考咨询服务

图书馆要注意培养现有用户，吸引潜在用户，目的是帮助老年读者了解各种文献资源、图书馆服务的内容，增强老年人的信息素养。还应该开展一些参考咨询服务的培训。多数老年读者不明白图书馆的信息服务是什么，不知道该怎么利用，图书馆可以开展一些帮助老年读者了解什么是参考咨询的培训课程，这样可以激发老年读者的学习兴趣，也有利于老年读者与图书馆之间的沟通交流，使图书馆明白老年读者真正需要的是什么。

在咨询方式上，图书馆最主要的咨询方式依然人工为主，使用网络、电话进行咨询的老年读者只有少数。首先，图书馆可以在醒目的位置设置老年读者专属的信息咨询台，为老年读者提供基本的服务，比如如何检索所需信息，提高参考咨询的针对性。其次，图书馆可以就老年读者经常咨询的问题，进行汇总，将问题做成指导手册，让老年读者对图书馆的参考咨询服务有大致的了解。虽然会使用网络进行咨询的老年读者只是少数，但是，图书馆也应当建立专属的网络在线参考咨询服务，为老年读者提供及时、专业、有效的服务体系。

在咨询内容上，图书馆可以开展一些新的咨询服务项目，比如新书推荐、新服务项目介绍、新技术使用指导等。另外，图书馆可以提供自助借还书设备的使用方法咨询。

4.推送分析处理过的信息产品

图书馆应当开展一些专门针对老年读者的个性化服务，可以建立老年读者档案，可以根据老年人的性别、年龄、退休前工作性质、受教育程度、阅读喜好等，划分具有不同信息需求的老年读者群体，为不同的老年读者群体推送不同的信息产品，比如向偏好阅读报纸的男性老年读者推送时政信息，向偏好阅读报纸的女性老年读者推送娱乐信息。图书馆还可以编制健康文摘、图书馆活动信息等推送给老年人。

（五）增加图书馆信息服务专项经费

要从经费上确保为老年读者提供信息服务的可行性，可以从以下几点考虑：①图书馆每年将政府财政拨款直接划分出一部分专门用于老年读者服务，为老年读者购置文献资料、信息设备，进行信息素养及信息设备的培训；②图书馆可以向政府部门申请专门为老年群体服务的专项经费，保证老年群体与其他用户群体受到同等对待；③图书馆可以加强与社会组织的联系，通过企业捐款、个人捐款等形式筹措资金；④充分开发图书馆资源深度服务，做到图书馆有偿服务与无偿服务相结合，对资金进行合理配置，将一部分收益用于服务老年读者，改善老年读者服务质量。

第二节　针对儿童的图书馆信息服务管理

近年来，图书馆信息服务随着现代计算机技术水平的不断提高得到极大发展和推广。然而，目前图书馆信息服务主要是成年人为服务对象。儿童作为国家的未来，其教育和健康成长应受到家长乃至社会的重视。在网络普及的前提下，图书馆需紧跟儿童用户需求，深化公共图书馆儿童服务内容，促进儿童信息服务方式多样化。

一、图书馆儿童信息服务内涵

图书馆儿童信息服务是指图书馆以儿童的信息需求为依据，围绕儿童面向儿童开展的一切服务性活动。其服务对象以儿童为主，另外还包括儿童家长、教育人士、研究有关儿童方面的人士以及与儿童各个方面有关的社会机构和组织。

（一）图书馆儿童信息服务主要特征

综合来看，图书馆儿童信息服务具有以下主要特征。

1.社会性

图书馆儿童信息服务的社会性不仅体现在图书馆儿童信息的社会产生、传递与利用方面,还体现在图书馆对儿童信息服务的社会价值和效益上。

2.知识性

儿童信息服务是一种知识密集型服务,不仅要求儿童信息服务人员具有综合的知识素质和信息素养,而且要求儿童对其信息具有一定的需求,从而达到匹配。因此,图书馆不仅自身需具有综合素质的儿童信息服务的人员,还需有一定的知识需求、信息需求的儿童光顾。

3.时效性

图书馆儿童信息服务具有显著的时效性,这是因为对于某一信息只有在及时使用的情况下才具有价值,而过时的信息则失去其使用价值,甚至会产生不好的影响。图书馆无论是儿童馆藏资源还是儿童电子资源,都会根据儿童用户需求定期更新和上新,以满足儿童乃至家长、社会工作人员的需求。

4.公用性

图书馆作为具有公益性的信息服务机构,其不仅要面向儿童开设儿童阅览室,甚至开设儿童电子阅览室,更要面向大众免费提供公共的信息服务,并可以同时为多个用户、甚至多种人士进行服务,这也是图书馆作为信息机构有别于其他信息机构的因素之一。

(二)图书馆儿童信息服务内容

第一,信息提供服务。图书馆可以根据儿童的信息需求,充分运用传统的信息服务手段和现代电子信息服务手段,为儿童提供其需求的信息。

第二,信息保障服务。图书馆不仅保障本馆儿童图书资料的体系运作,还要保障儿童电子信息资源不断更新与维护;图书馆不仅需要与各部门建立横向的保障体系,还需要建立馆内儿童信息服务的资金、技术保障体系。

第三,信息发布、传递与交流服务。交流与传递是信息的重要特征之一,因此,图书馆儿童信息服务必须利用信息传输硬件设施或通过一定的信息发布与传递的服务形式,使本馆儿童信息的发布、传递与交流工作及时得以保障。

第四,信息咨询服务。这是图书馆儿童信息服务的保障,由于现代技术的发展,现代图书馆可以随时随地针对儿童专门的问题进行智能化的信息处理和参考指导。

第五,决策支持服务。为使政府部门乃至社会组织对少年儿童教育、健康成长更加重视,图书馆可以利用自身丰富的信息资源,定期为政府部门乃至社会组织提供有关儿童方面的信息,使得政府部门做出有关儿童方面正确而有价值的决策①。

二、针对儿童的图书馆信息服务管理优化

作为社会公益事业和文化场所的图书馆,随着经济社会的迅速发展,将会越来越受到政府和全社会的重视,并将日益完善图书馆在儿童信息服务方面发挥的重要作用。

(一)“以儿童为中心”创新儿童信息服务内容

服务理念作为图书馆提供服务的指导思想,是图书馆信息服务工作开展的导向和思路。传统图书馆的管理者主要追求图书数量的最大化,追求检索工具的先进性,而忽视了追求服务的高效率,这一点也可以从图书馆服务流程窥见一斑。基于用户信息需求的理念,图书馆儿童信息服务需要“以用户为中心”,重视儿童用户的信息需求,最大限度满足儿童的信息需求,切切实实地让广大儿童感受到现代化图书馆的好处,感受到信息技术给儿童带来的实惠,只有如此图书馆的儿童信息资源才有其存在的意义和价值。

1.加强儿童阅读专业指导

良好的阅读指导是一项开启儿童心智、培养儿童素质的全方位探索,是引导儿童阅读和提高儿童阅读效果的有力举措,做好指导工作是每个儿童馆员的重要职责,也是衡量儿童服务工作的重要标准。

图书馆可以利用自身的优势,开展多样化的阅读专业指导服务,增加多样的阅读培训服务。例如,南京市图书馆把“南国之旅”打造成本馆的品牌最大特色,加强了对儿童阅读兴趣的引导和阅读习惯的指导。具体

①傅苏.少年儿童图书馆信息服务挑战及对策研究——以天津市少年儿童图书馆为例[J].图书馆工作与研究,2015(S1):102-105.

而言，加强儿童阅读的专业指导可以从以下几点考虑：①举办“阅读方法讲座”，请专家、名师向儿童和家长介绍阅读方法，并定期对儿童和家长进行阅读培训；②成立儿童读书会、阅读兴趣小组，以一本书或一套书为中心开展活动，激发他们浓厚的读书兴趣，引导他们多读书、读好书；③与相关媒体合作，组织社会各界人士投票，对优秀儿童读物进行评选，推荐儿童图书；④定期开展儿童科普展览、科技制作体验活动，使孩子真正感受到科技的魅力，不再沉溺于网络游戏中，促使孩子能够理性对待高科技。

2.积极开展儿童个性化信息服务

在我国的图书情报界，作为改进、完善用户服务工作的有效手段，个性化服务有着非常广阔的应用前景。现代意义中的个性化服务，在时空服务方面、在服务方式方面、在服务内容方面会让少年儿童用户都能得到满足。图书馆不仅需要定期举办传统的主题信息服务活动，还应该营造一个社区服务环境，儿童们能够在这种环境中学习到一些重要的技能，培养他们的音乐、舞蹈、书法、戏剧等学习兴趣，促进他们将来更好地进入生命成长阶段。

例如，福建省少年儿童图书馆的网站上专门设有“个人图书馆”一栏，儿童和家长浏览的内容和相关内容都会被网站所记忆，进而定期为儿童和家长提供相关信息的推荐。且浏览过或者点击过的内容会保存在“个人图书馆”内，方便儿童和家长回顾查看。日本图书馆就根据儿童的心理特点，会定期举办各种丰富多彩、寓教于乐、引人入胜的读者活动。

在网络信息平台方面，图书馆应建立专门的儿童信息网站或专门的儿童信息网络专区，通过系统自动设定或者儿童个人选择，按照儿童兴趣、习惯、喜好等特点进行定时定点推送相关信息，如上海的儿童信息港、国图儿童馆等，以达到对儿童和家长等需要儿童信息方面的人们进行个性化服务。

3.细化传统儿童信息服务，拓展儿童信息服务内容

第一，细化传统儿童信息服务。有部分图书馆图书资料分类多为大类且不细化，而以文献为主的传统儿童信息服务的图书馆的儿童阅览室，不能将所有图书资料全部按照分类法A～Z进行分配。鉴于此，图书

馆可以根据所处地理位置和民族文化特色,设立儿童少数民族阅览区。例如,深圳市少年儿童图书馆的一层就设立了外文、港、澳、台等阅览区。

对待不同年龄的儿童,各个儿童阅览室应根据不同年龄段儿童的智力和心理发育程度为其提供科学的阅读计划,因此,图书馆需借鉴国外成熟的分级阅读方式进行整合分类儿童图书资料,把儿童阅览室分为三大块区域——学龄前儿童区、小学儿童区、初中儿童区。

第二,图书馆需拓展儿童信息服务内容。首先,以年龄段设置不同儿童服务区,如设立亲子阅览室并在馆内设置育婴室,设置特殊儿童阅览区等;开展上门亲子活动,通过父母与子女的互动,产生更多的情感收获。其次,建立"图书馆—学校—社区"三维立体服务方式,弥补图书馆馆舍的不足,让少年阅览室成为"第二课堂"或"儿童空间"。最后,在引入奖励制的阅读服务项目方面,可以根据不同的积分,有不同的奖励,甚至引进如今很多商业经营的积分方法,给不同积分的儿童配备不同颜色的卡片,针对不同颜色举办不同的活动,以鼓励儿童更多地参与活动,从而引发儿童的阅读兴趣,培养他们养成良好的阅读习惯,拓宽儿童的阅读范围和知识,提升他们语言运用能力,并鼓励家长积极参与子女的阅读活动。

(二)依托新技术创新儿童信息服务形式

互联网时代以来,利用信息技术创新图书馆服务方式成为共识。现代信息化技术对传统行业造成了极大的冲击,同时也为传统服务模式革新提供了契机。图书馆也需要改变以往的信息采集、处理、传递的方法,充分利用信息技术形成以数字资源、存储系统、信息处理设备以及网络配置的信息支持系统,改变儿童获取信息的渠道,创新图书馆儿童信息服务的方式。

1.信息提供服务

在信息化时代下,图书馆需要建立起可共享的多元化儿童信息资源,实现儿童信息提供服务从纸质化转向数字化。如今,图书馆门户网站建设已经走上了快车道,书目检索、网上预约、网上查询及网上借阅服务是网站的基本功能。但目前仍有部分图书馆并无该馆的门户网站,有门户网站的图书馆也大部分因为经济或技术原因难以实现网上借阅。

在这一背景下,随着儿童用户的参与、自助服务等互动方式的盛行,图书馆首先需要根据儿童的心理和生理特征，采购多元化的数字资源，增加儿童电子文献的收藏，从而满足新媒体时代下儿童读者的信息需求；其次，图书馆需要分批建立特色儿童网络资源库，将纸质版录制为视频、音频，借鉴深圳市儿童图书馆数字资源的涵盖范围——微课堂、数字音乐图书馆、考试、精品小说、健康养生、动画动漫、古典书画、报纸、工具书等，为儿童读者提供丰富的数字信息资源；再次，需要建立具有儿童特色的网站，把各种信息进行收集、整合、规范，利用新媒体网络信息平台，提供系统的、健康有益的，集科学性、知识性、趣味性于一体的综合性儿童信息资源，为广大儿童提供各种便捷服务。

2.信息检索服务

在图书馆儿童数字资源和书目数据的检索访问上，WEB技术的成熟使得图书馆可以更加规范、高效、系统地进行信息资源收集，并让儿童通过各种渠道，随时随地通过互联网查询资料。现代人检索习惯也随着网络的普及更加趋向于网络化。在这一背景下，图书馆可以创新各馆的儿童信息检索服务，构建图书馆儿童信息检索服务平台，并从检索的深度和广度、检索的精确度和系统化下功夫，开展有关儿童信息的专项信息服务。在检索的深度上，图书馆不仅应该在儿童信息内容的加工、鉴别上拓展服务，通过更为完善的技术进行信息识别、图像整合、影视解码等，为儿童提供有针对性的、较系统完善的个性化信息资料，还开展相关专项信息服务，为儿童教育者和儿童研究者提供便利的信息检索和查新；就检索的广度而言，图书馆检索服务更需要提供相似内容链接功能，或推荐使儿童可以更为广泛而系统地了解某一知识。

3.信息发布、传递与交流服务

图书馆在设计儿童信息发布、传递以及交流机制的过程中，需要充分研究信息、儿童和系统在信息传递、交互、反馈过程中的角色和作用，设计合理机制，包括设计自适应的知识表示与组织机制、资源发现与服务发现机制、职能代理与主动服务机制等。

在儿童新媒体服务平台方面，图书馆可以充分利用当前较为流行的微博、微信、APP客户端等新媒体，拓宽信息发布、传递与交流渠道，并定期向儿童或家长推送信息、预告图书馆有关儿童的活动安排。如条件允许，图书馆可以尝试打造专门的儿童移动APP客户端，向儿童提供包括图书借阅、个性化服务推动、个人图书馆、读者交流平台等服务功能，根据注册儿童或家长的信息为其推送相应的儿童信息资源。

4.信息保障服务

信息保障服务是根据用户所从事的某一工作或业务活动的需求，跟踪其业务工作或活动环节，通过多种途径提供全方位的信息及信息获取、传递工具的专门化服务，以确保用户工作或业务活动的进行。为此，图书馆需构建系统的儿童信息保障体系。

从宏观方面来说，构建儿童信息服务保障体系，需以图书馆系统为中心，包括政府部门、出版系统、图书发行系统、儿童教育系统、社区服务系统、儿童保健服务系统等在内的宏观体系。只有各个系统相互合作，才能保障图书馆儿童信息资源的及时更新与完善，提高儿童或家长获得信息的完整性。从横向来看，需要各个图书馆进行合作，儿童信息资源共享，统筹各部，建立特色化、多样化的图书馆儿童信息资源。

从微观方面来说，首先，图书馆需保证儿童图书资料和电子资源的丰富性，建立儿童原始文献信息与增值文献信息相结合的服务机制，促进本馆资源与区域特色文献资源相结合，以满足儿童信息需求。其次，由于各个馆条件有所不同，上级有关部门需保证各个图书馆的资金项目，以确保各个馆有充裕的资金购买儿童图书资料、电子资源和信息设备。除此之外，各个馆需有本馆信息技术保障，定期检查并维护本馆的电子信息设备，建立联机联合目录来获取文献信息或者数字资源，从而保证儿童或家长在查阅信息的过程中不会出现设备技术性失误。

5.信息咨询服务

图书馆需明确各馆咨询服务形式及内容，完善各个馆官网，因地制宜地设立“咨询电话”“在线咨询”“留言咨询”“馆长信箱”等服务栏目，并及时公告给儿童、家长或社会工作者，让人们明确图书馆儿童信息咨询服务的内容。另外，图书馆要主动通过各种方式满足儿童的借阅需求和数字资源需求，并根据儿童的心理和生理特征，认真做好咨询记录，以便更好地开展具有针对性的个性化服务。同时，图书馆还需对家长或儿童研究工作者主动提供相关信息需求，并形成系统化且专业化的信息服务。需要强调的是，与传统图书馆的信息咨询工作相比，网络环境下的儿童信息服务无论在深度、广度和信息传递交互功能方面都是传统信息咨询无法相比的，需要专业化、技术化等各学科背景的人员组成专业服务队伍，针对儿童开展信息咨询、检索、课题咨询服务及网络咨询服务等。

（三）全方位提升儿童信息服务的软硬件条件

除了创新服务内容和服务方式之外，图书馆要想更好地为儿童提供信息服务，还需要从打造人才队伍、争取资金支持、稳步推进儿童阅览室以及分馆建设着手，以此来更好地保障图书馆儿童信息服务的效率和质量。

1.培养和打造儿童信息服务专业人才队伍

图书馆儿童信息服务是一项高层次工作，十分考验工作人员信息服务能力和信息服务素养，信息服务人员的服务能力和服务质量的高低、知识结构和服务态度好坏直接影响着信息服务工作完成的成功与否。

图书馆普遍存在儿童信息服务馆员素质参差不齐，缺乏为儿童群体提供针对性较强的服务意识。尤其是在信息化环境下，图书馆必须注重加强和优化人才队伍建设，具体可采取以下措施：①要掌握熟练的现代信息技术、网络信息资源开发与管理技术，同时还要具备一定的专业技术知识和为儿童提供信息服务、开发信息资源的能力；②要对新信息进行分析、判断、整合，利用网络开展信息服务和网上咨询服务等；③要强化馆员的敬业精神、创新精神以及关注儿童身心健康成长的观念，使之成为促进图书馆儿童信息服务事业发展的复合型人才；④定期开展馆员技能培训和图书馆专业知识培训，建立一套对馆员的评价和管理考核制度，促进图书馆从事儿童信息服务的馆员提高自身的信息素养和提升综合信息能力。

2.积极争取社会各种资源和力量的支持

图书馆的建设和运行需要较高的投入，但其满足的仅仅是一种较高层次的人生需要，而不像其他产业投入那样短期内产生直接的财富，这一特征造成经费的削减成为经常面对的现实。要想避免图书馆因经费不足而导致儿童信息服务瓶颈，就需要向社会积极争取更多的资源，除了相关立法保障资金到位之外，图书馆还需要争取各种资源和力量的支持，可以利用“共享工程”的各基层服务点、现有的卫星、电信的宽带网络（包括ADSL宽带和其他的电信专线宽带网络）、广播电视网络、儿童绿色网上空间、农村中小学现代远程教育网络以及政府信息化基层网点的软硬件网络设备和深厚的群众基础，铺设本馆儿童数字资源，既减少图书馆自身的投资，又丰富了儿童信息平台的资源容量，实现双赢甚至多赢的局面。

3.稳步推进儿童阅览室和分馆建设

当前图书馆绝大多数都设有儿童阅览室，但从其利用率来看并不高，究其原因在于设施不完备、服务水平不高。为此儿童阅览室建设过程中应充分考虑儿童心理生理等特征，馆藏以趣味性和知识性并重，配备少量符合儿童身高的桌椅，大部分是地毯式的“座椅”，同时还有必要增设婴幼儿活动室，提供彩笔、颜料、手工纸、橡皮泥等手工材料，在有经验的图书馆员或者家长看护下，引导婴幼儿动手画故事图片、做娃娃，并举办幼儿讲故事、画漫画竞赛等活动，增加幼儿的参与感与“悦”读感。与此同时，图书馆还需要在中小学集中的区域开设分馆，尽最大限度减少儿童去图书馆的不便，提高儿童利用图书馆的意识和效率。与此同时，图书馆还可以推进“绿色网吧”建设，儿童的上下网时间可以通过短信的方式发送到家长手机中，并且网络可以屏蔽不良信息，不但可以养成良好的上网习惯，还可以保障儿童健康上网。

第三节 针对残疾人的图书馆信息服务管理

残疾人属于社会弱势群体，残疾人的生理缺陷给自身的生存带来了巨大的困难，而且影响到自身的就业、受教育等正常的公民权利，其社会位置的弱势更将对他们的融入社会生活造成直接的影响。而完善的公共文化服务无疑可以缓解生活中的诸多不便，图书馆提供的信息服务应让残疾人在解决温饱等基本需求之上，能够走出家门、走进图书馆，使他们参与社会、融入社会，这种信息服务也可称之为无障碍信息服务。

一、残疾人的图书馆信息服务分析

(一)图书馆残疾人的特征

第一，信息劣势。用户通过获取资源来享受服务，其信息素质的高低对其自身发展影响巨大。具体存在信息获取渠道少、信息技能低下、信息辨别能力低等问题。

第二,心理劣势。生理障碍使其缺少了更多的机会参与社会竞争,经济能力普遍低下,在各方面都处于相对被动和劣势的地位,所以心理劣势尤为明显,呈现出普遍自卑、敏感、抵触的特征。

第三,群体依附。心理和生理的双重劣势,通常带来一系列负面连锁反应,使得残疾人的生存压力巨大,且政治权利得不到发挥,在各个方面对社会强势人群具有较强的依附性。

(二)图书馆残疾人信息服务的意义

1.促进社会和谐

残疾人作为社会主体的组成部分,由于社会因素而被边缘化,成为社会问题普遍高发的群体。公共图书馆具备教育教化职能,对稳定社会有积极作用。同时使其能无障碍地获取和利用信息,增强与社会的交流和沟通,消除信息差距,融入主流社会生活,这对于全面实现社会和谐有非常重要的现实意义。

2.实现现代图书馆的使命

现代图书馆的使命体现在自身的属性上,即公益性和平等性。作为公共文化机构,公益性是其基本属性,现代图书馆是依法建立的,受税收和捐赠支持的公益性机构,所有的公民都有权利去使用图书馆的资源和享受图书馆的服务;平等性是公共服务的自然属性,每一个成员都应该平等地享受图书馆的服务,残疾人也不例外。图书馆保障社会弱势群体享受公共服务的权利,是实现公共服务使命的重要指标之一。

3.提升图书馆地位

图书馆自身价值和定位在现代社会受到了挑战,一方面,网络信息资源和信息服务提供商给图书馆带来了威胁,用户逐渐采用网络替代传统图书馆;另一方面,图书馆趋向于为用户提供数字化、自动化服务,处于弱势地位的读者会望而却步。图书馆必须通过更新理念、创新方式、拓展领域等渠道提升自身价值,重塑核心地位。

二、针对残疾人的图书馆信息服务管理优化

对残疾人而言,其在图书馆信息服务管理方面和常规人群相比有很多特殊的障碍,因此,图书馆应消除这些障碍,使残疾人在图书馆中得到

无障碍信息服务。

(一)硬件环境无障碍

1.入口处

连接图书馆内外部环境的入口,是残疾人读者进入图书馆的第一步。应该考虑设置入口平台,使图书馆入口前的一段坡道与图书馆入口之间形成一个水平地面,这样使用轮椅的肢体障碍读者和使用导盲手杖的视障读者可以顺利进入图书馆。由于残疾人行动不便,自动旋转门不宜被安装在残疾人图书馆,自动感应门是一个不错的选择,不过一定要注意门尺寸的选择,并且适当延长自动门开关的时间,同时应该选择优质的有信誉保障的生产商。当残疾人读者进入图书馆大厅时,就应该可以直接来到总服务咨询台,并且在入口处安装语音感应系统,当有读者进入时,自动播报图书馆导向图说明。

2.扶手、坡道、台阶

如果是改建的图书馆,可能入口区或者馆内已经设有宽敞台阶,那就应该在公共通道、楼梯设置连续的扶手,以供视觉障碍残疾人读者通过栏杆导引,到达图书馆的各个区域。如果馆内外有坡道,应该尽量采用缓坡设计,或者设置坡道缓冲平台,防止轮椅由于坡度太大而失控。台阶应该是踏步安全的,而不应采用无踢面和突缘为直角形的踏步。

3.电梯

无障碍电梯可以为残疾人读者带来很多便利。候梯区域应该比较开阔,保证轮椅有一定的扭转空间,电梯召唤按钮设置有突起的箭头,选层按钮应该是坐在轮椅上便可触及的,轿厢正面安装镜子,四周设置扶手,显示与音响能清晰表示轿厢上、下运行方向和层数位置及电梯抵达层数;每层电梯口应安装楼层标志,电梯口应设提示盲道。

4.卫生间

无障碍卫生间的门宽要足够轮椅出入,使用安装有横向拉手的移动门,内部空间要足够轮椅回转,采用专用无障碍洁具,并配备紧急呼叫系统,同时在门外配置与之相连的报警灯,以便及时处理突发情况。

5.盲道

盲道要连续不中断,这里指的不中断一是指铺设不中断,二是不因为后期人为的原因损坏,保证使视障读者可以到达图书馆的任何对外服务区域：盲文阅览室、厕所、服务台等。

6.阅览区

应采用一站式借阅方式，使残疾人读者尽可能地在同一区域获得他想要的图书资源。藏书区的书架的间距应不小于1米，以满足一辆轮椅和一个人并行。购置残疾人专用阅览桌椅以及配套书架，将流通量大的书籍放置在矮书架上，有声读物、点字图书应分架排列。同时借还书处、检索机也要降低高度，以便乘坐轮椅者使用。

7.多功能厅

图书馆可以为残疾人读者设计改造一个多功能的报告厅，残疾人读者可以到这里观看配有字幕手语以及旁白解释的电影，可以举办个性party联谊，进行知识文化交流。在这个场所中，应为残疾人设置轮椅席位，且不应将其设置在公共通道的范围内，应该在便于到达和疏散及通道的附近设置，轮椅席位地面应该平坦，但不能平滑，在边缘处安装栏杆或者栏板，同时保证在轮椅席位上的人的视线不被遮挡或者遮挡他人视线。并配备点字打字机、语音计算机、盲人用个人电脑等各类型的辅助。

（二）提供文献信息资源保障

1.补充残疾人需要的馆藏

文献信息资源是图书馆开展信息服务工作的基础，图书馆的信息资源建设应该考虑到残疾人。目前很多残疾人都渴望摆脱自身知识贫困的状况，在信息需求上具有强调实用性的特点，图书馆应依据这一特点构建相应的信息资源体系。具体而言，有以下措施。

第一，购买实用的法律、养殖、家庭医疗保健、电脑操作、求职等书刊，建立专门阅览室集中放置，实行开架服务以让读者自由、直观地选择书籍；采购盲文图书、有声读物，并与广播、电视等媒介单位合作开发音像资料以满足特殊读者的信息需求①。

第二，自行编制相关资料或创建数据库。从本馆藏书和互联网信息资源中采集、整理当地残疾人所需的就业、教育、科技等方面的信息，向残疾人士传播。在创建数据库方面，图书馆应立足社区、便利居民，尤其是信息素养低、不善于信息检索的残疾人士。

①金鑫．我国图书馆残疾人公共文化服务均等化研究[D]．大连：辽宁师范大学，2014.

2.整合资源体系,消除信息资源获取和利用上的障碍

目前,各个图书馆数字资源快速增长,这给用户信息需求获得空前满足的同时,也带来了一系列的问题,如资源内容重复、各个数据库检索平台不同等,给读者尤其是残疾人士查找信息造成了很大的不便。他们希望能在一个检索平台上,从一个检索入口就可以查找到图书馆所有的相关馆藏信息,并能直接获取数字资源的全文信息。因此,作为文献信息服务机构的图书馆,为了更好地开展信息服务工作,必须积极开展信息资源的整合工作。

虽然现在有一部分图书馆已经开始加大残疾人信息资源的购置,但是所购各类型信息资源仍然有限,通过馆际之间的交流合作,可以构建一个广阔的动态信息资源体系,实现优势互补,避免由于重复购进带来的资源浪费。近些年来,适用于健全人的网络联合参考咨询平台已经在全国范围内建立起来,如何让该平台同时为残疾人提供服务,这就需要加入该联盟的图书馆在馆藏资源以及咨询网站页面设计上做一些增进服务。网页设计界面尽可能的简洁,图像以及动画要有对应的文字表述,禁止一切弹出广告和系统插件,方便残疾人读者通过读屏软件获取网页信息。另外,各图书馆之间也可共同建立残疾人信息分析数据库、电子“听”书数据库,开展馆际互借等。

(三)加强图书馆人才队伍的建设

现代社会,图书馆正处于传统图书馆向数字图书馆的过渡时期,各个图书馆基本上都实现了自动化管理,信息技术在图书馆得以广泛应用,计算机和网络成为为读者服务的主要工具。作为为残疾人开展信息服务的图书馆馆员,不仅要提供传统的借阅和查询服务,还要肩负起信息专家的重任,成为信息利用的导航者。这就要求他们不仅要有查找信息的能力,还要有从信息资源中准确地筛选、整理加工、传递信息的能力和对信息资源进行深加工的信息挖掘能力。另外,图书馆人员还要具有能够利用手语、盲文以及其他无障碍设备与用户交流的能力。因此,仅仅具备扎实的传统图书馆学基本知识是远远不够的,必须具备广博的知识和多元化的知识结构,其手语知识、盲文水平、外语水平、网络信息资源的处理能力、现代设备的操作能力直接关系到图书馆信息服务的质量。

目前,我国图书馆界普遍存在着工作人员队伍知识水平偏低、知识结

构单一、不懂手语和盲文这一现状。根据《中国图书馆学报》介绍，我国几个大图书馆的员工中，懂手语和盲文的馆员寥寥无几。因此，为了跟上时代发展的脉搏和进行信息服务的开展，图书馆必须加强人才队伍的建设。首先应引进一些具备手语和盲文知识、会利用各种无障碍设备的实用性人才；其次应通过引进高层次和高学历人才、馆际交流等措施来完善人才队伍的知识结构，提高整体素质；再次应通过提高待遇、精神激励、继续教育等措施留住和发展人才。为了更好地为残障人士进行信息服务，图书馆可以对本馆工作人员进行培训，使他们学会使用手语、盲文等。

（四）个性化信息服务

图书馆对残疾人的服务不应该只是被动的“借借还还”，应针对不同的群体、不同的需求特点采取形式多样的个性化信息服务。针对不便到馆的残疾人，图书馆应主动与其联系，了解其信息需求，采取免费送还书、流动图书馆、面对面朗读、电话咨询等服务方式，让他们足不出户就能获取信息知识。

（五）加强与其他单位的合作，提高信息服务的实效

各个图书馆自身的力量是有限的，再加上无障碍信息资源的制作成本较高，由此，图书馆应与其他单位联合起来，真正实现无障碍信息服务。

第一，图书馆应加强与教育、法律、经济、医疗等社会机构的合作，共同构筑信息服务体系。一方面，由于各个部门具有其专业优势，与图书馆独立开发的信息资源相比，它们和图书馆联合开发的信息资源更具有针对性，效果更加显著，同时又增加了各个部门和社会群众对图书馆的了解，提升图书馆的社会地位；另一方面，图书馆开放时间较长，分布广泛，能把信息散发到广大的残疾人中去，极大地推动了其他部门的工作。如图书馆可以与法律、医疗等部门的专家合作，针对残疾人最关心的问题开展专题讲座，通过与特殊教育学校合作来实施对残疾人的信息素养教育等。

第二，图书馆还应加强与社会慈善机构、志愿者团队的合作。一直以来，社会慈善机构、志愿者团队都在为残疾人等开展服务，而图书馆在此

方面的服务则相对薄弱。社会慈善机构和志愿者团队的人力资源和服务经验较为丰富,信息资源丰富的图书馆应加强与它们的合作,共同为残疾人提供信息服务。图书馆可采取与当地残联相联合的方式,对残疾人进行信息素养的教育;与当地志愿者团队合作的方式,为当地残疾人开展送书上门、面对面朗读等服务。如从2006年11月起至今,深圳图书馆联合深圳市信息无障碍研究会合作办起了盲人电脑免费培训班,不仅改变了原来盲人阅览室门可罗雀的状况,还真正为盲人开启了人生的另一扇窗,社会反响良好。

第六章 “互联网+”环境下的图书馆信息服务管理

第一节 基于大数据的图书馆信息服务管理

现如今，受科学技术发展的影响，数据的产生呈现出爆炸式增长，一系列的信息数据的出现意味着大数据时代的来临。为了能更准确、更及时地把信息传递给用户，图书馆工作人员应该及时调整服务模式，采用先进的大数据技术来对图书馆信息进行适时的处理。把结构复杂、形式多变的大数据变成有价值的信息，然后供用户使用。将大数据和图书馆信息服务联系起来成为图书馆发展的趋势，将大数据技术融入图书馆信息服务，为用户提供个性化服务也成为图书馆发展的必然趋势。

一、大数据对传统图书馆信息服务的影响

由于大数据的运用，图书馆积累了大量的信息，这些信息包括用户的基本信息、用户的图书馆借阅记录、用户的网上浏览记录以及图书馆本身的一些馆藏资源都成为图书馆的大数据。在图书馆信息量不断增长的同时信息技术也在不断的发展，尤其是大数据技术的产生，让图书馆的海量数据与大数据技术相结合的时代已经到来，这就产生了大量的数字资源。这些结构和形态复杂的电子资源数量和种类都在不断增加，这也是图书馆大数据的组成部分，因此这些数据共同组成了图书馆大数据。

另外，随着网络技术的飞速发展，同时用户受到高速网络和新移动设备的影响，移动图书馆得到了很好的发展，用户更加倾向于掌上阅读。根据中国互联网络信息中心发布的第44次《中国互联网络发展状况统计报告》，截至2019年6月底，我国的网民规模达8.54亿，手机网民规模达8.47亿。从这些数据可以看出，人们受互联网的影响非常的大，这些网民

的加入为图书馆带来了放大的数据,其中包括他们的手机阅读数据和网络阅读数据,这些数据也是图书馆大数据的组成部分。

(一)大数据对图书馆信息咨询服务的影响

图书馆信息种类多,一般包含了结构化数据、半结构化数据和非结构化数据三种数据类型。结构化数据指的是图书馆各种类型的电子资源;半结构化数据是指图书馆博客、微博、留言簿、BBS、等用户咨询借阅时产生的大量数据。非结构化数据是指用户在线咨询、浏览网页记录、搜索方式、行为痕迹、存储和下载信息行为时出现的各种视频和语音。同时,随着智能手机的普及,人们可以随时随地从手机、电脑等设备中获取自己的个人信息、浏览信息等,这也能产生不同的数据,这所有的数据便组成了图书馆信息咨询服务的大数据。每一天这些数据都在不断地增加,数据爆炸式的增加,将给图书馆的信息咨询服务带来巨大的影响。

1.数据存储

文件、图片、音频、视频等数据的不断增长,造成了知识库严重超载,因此对信息资源的有效管理便成为大数据时代主要解决的问题。对大数据的管理还存在许多的问题,首先,目前的信息咨询服务很难解决大数据的性能共享问题,原因是因为大数据结构太复杂,其中包含了结构化数据、半结构化数据和非结构化数据三种数据类型,想要对这些数据存储和共享都非常困难。其次,由于数据量的急剧增大,网络传输性能同样也会受到影响,采取怎样的措施来对文件进行管理和保护都是需要解决的问题。网络是一个开放的环境,信息安全随时都受到威胁,信息污染盗窃经常发生,因此对信息资源的保护是完成信息咨询服务的基础。最后,长期积累下来的数据难免会存在很多重复的文件,它们所占的存储空间造成了资源的浪费。因此大数据时代首先要解决的就是数据存储问题。

2.数据处理

随着云计算技术的兴起,解决了部分图书馆信息咨询服务的数据的储和处理问题。但是大数据时代的来临,对数据的存储和处理能力都有很高的要求,一般的技术已经无法满足大数据的处理。因为大数据的数据种类繁多,结构复杂,包含了结构化数据、半结构化数据和非结构化数据,想要用传统的信息咨询系统进行分析和处理已经存在很大的难度,只有不断提升信息咨询技术才能解决大数据的处理问题。目前常用的大数据处理技术有Hadoop技术、MapReduce、关系型数据库等,这些技术都是随着大数据时代的来临所产生的。图书馆在处理大量信息的时候就可以采用这些技术,为图书馆信息服务做技术支撑。

3.信息安全

大数据本身就是数据,只要是数据就存在一定的安全问题。如今网络的开放、各种信息资源的共享,都可能存在信息安全问题,例如,图书管理员、用户、都存在知识的共享与交互,他们在进行知识共享和交互的时候可能没有注意网络环境是否安全,这样容易造成信息的泄露,对个人信息安全造成威胁。社会各行各业都有自己的知识产权、个人的隐私因此在信息咨询服务中都可能存在信息安全问题。现在的数据信息安全和过去的信息安全问题有很大的区别,人们既想得到数据的开放,又想更大限度地保护自己的隐私,这使得在大数据时代必须让二者相互保护和平衡,共同发展。

(二)大数据对图书馆信息服务环境的影响

在大数据的背景下,传统图书馆的信息服务设施已经相对落后了,也无法满足大数据的数据处理。随着大数据时代的来临,各种不同类型的数据正在向图书馆的服务设施和工具发起挑战。一般的文献资源用数据库就能完成操作,但是面对结构化、半结构化和非结构化数据的时候,数据库就无法完成操作了,图书馆只能引进新的操作技术才能完成大数据的处理。同时,图书馆工作人员同样需要提高自己的操作水平,只有不断地学习才能更好掌握大数据技术,适应大数据时代的生活。了解他们的需求方向,更好地满足人们的需求,更有效率地服务于大众[①]。

(三)大数据对图书馆信息服务模式的影响

1.建立交互式共享平台

由于受到一些社交网站的影响,图书馆也慢慢开始建立网络互动平台,开设网络互动平台,可以吸引更多的用户,为他们提供畅所欲言的场所。针对图书馆开设的互助吧、论坛、社区栏目等等,用户可以通过它来完成图书管理员和用户、用户和用户之间的实时交流。有了这些交流平

①江涛.大数据对图书馆信息咨询服务的影响及对策[J].数字技术与应用,2010(08):224.

台，图书馆可以大力地培养和提高图书馆信息咨询服务，利用集体的智慧来充实自己，从中获取到更多有价值的信息。同时图书馆还可以利用这个平台进行资源整合，用户不仅能够享受资源的检索下载，也可以将自己的一些研究上传到论坛，供大家参考，这样就可以拓宽学术领域，为大多数科研人员发挥有效的能动性，可以为图书馆增添更多的信息资源。当然，用户上传的信息参差不齐，图书馆应该发挥组织和筛选能力，去粗取精，去伪存真，最终得到可利用的资源。这就是大数据时代图书馆发展的一个方向。

2.信息资源组织的转变

所谓信息组织是指信息工作人员采用信息技术对数据进行采集、加工、存储和分析应用，形成一个可利用的系统的过程。由于大数据的数据结构复杂，种类繁多，其中包括结构化数据、半结构化数据和非结构化数据，对这些数据进行处理存在一定的难度，传统的数据处理方式无法满足大数据时代的要求，只能采取更加个性化的方式来处理这些数据。

（四）大数据对图书馆信息服务方式的影响

随着移动互联网的发展，传统的信息服务方式已经不能满足用户的需求了，图书馆应该找到新的突破口来提升自己的信息服务能力。首先，图书馆应该大量收集文字、图片、音频、视频等文件，对其进行加工，丰富自己的馆藏资源。其次，图书馆应该针对互联网上的信息资源进行整理，丰富自己的数字化信息载体，以完善图书馆的各项服务。同时图书馆应该通过互联网为用户提供个性化服务，目前用得最多的就是信息定位服务，例如微信上有一个定位功能，只要启用这个功能就可以知道你所在的位置以及周边的美食和景点，为我们的出行带来了方便，这就是大数据时代信息发展的结果。图书馆同样可以通过手机客户端为用户实时地推送最新新闻动态，让用户及时地了解图书馆信息，为我们的信息查询和跟踪带来了方便。

二、基于大数据的图书馆信息服务管理优化

（一）智能化信息服务

在这个日益更新的网络时代，图书馆只有采取一定的智能化服务才能满足大多数用户的信息需求。在图书馆信息服务中用户有举足轻重

的作用,始终是占主导地位,如何利用大数据技术进行自动化的数据收集与处理,成为图书馆智能化发展的重心。首先,图书馆可以采取自动化分析和智能抓取数据,去分析用户的信息需求倾向;其次,掌握信息需求动向,发现其中的规律,总结和归纳出用户所需要的有用信息;最后,需要主动去帮助用户从分散的信息中获取有价值的信息,从而提高信息服务的时效性和针对性。智能化的信息服务不仅可以实现用户潜在信息需求向现实信息需求的转化,也可以实现隐性知识显性化的转变,同时也可以帮助用户对知识的发现和挖掘,以及更好的吸收和理解。

(二)个性化服务

在大数据时代,用户对图书馆的数据需求不仅仅局限于简单的信息查询和反馈,而是将关注点集中在了信息来源上,同时用户对信息的需求增大,要求图书馆不断的提供信息综合度和价值高的信息。图书馆想要实现用户的信息需求不仅需要提供图书馆现有数据库和书目数据库等结构性的数据,还要提供互联网上的半结构化数据和非结构化数据。在大数据这个背景下,为了更好地利用这些数据,图书馆就应该要做出调整,必须掌握一些大数据处理技术和工具,根据用户利用信息资源的历史记录,了解他们的专业背景、学术研究方向以及阅读兴趣,从而将这些大数据进行关联分析,找出其中存在的规律,最终提供给用户所需要的深层次的信息。图书馆应该根据自身馆藏条件主动地定制书目数据和文献资料等专题信息,定期地推送给用户,真正实现个性化信息服务。

1.个性化引擎的建立

目前被大家最为熟悉的搜索引擎有Google、百度,他们强大的搜索功能受到了大家的青睐,以至于其他搜索引擎无法超越。那么针对图书馆而言,也需要建立一个个性化的发现机制,以便对不同数据进行表征、分类和评价等等。建立的个性化推荐系统应该能够提供用户信息需求时所需要的准确推荐,并且能够完成信息的全面收集,扩大信息范围。所得到的推荐结果应该满足时效性、准确性、可用性等特点,也能够及时地对推送给用户的信息做出反馈。我们建立个性化服务推荐机制肯定各有不同,但是针对图书馆而言,一般要基于图书馆网站内容,充分地利用用户信息行为和信息源来为用户进行个性信息推荐。这种推荐行为是根据用户行为数据和浏览历史记录信息需求来进行的,具有一定的实用价值。

2. 云搜索服务

云搜索是指可定制的、智能的站内搜索，它的核心价值就是要保证所有的资源利用者能够根据自己的信息数据需求找到合适的信息，从而提高用户使用满意度。一般的站内搜索都支持所有的论坛、手机终端应用和CMS。这样做的目的就是为服务器节约资源，搜索不受限制，也能提高搜索的速度。同时站内搜索的优点还有搜索结果更精准、搜索效益更高、筛选方式更多样等等。利用站内云搜索能够根据网站不同的数据类型定义搜索条件，为用户打造各种专门的定制需求。最后通过精确的内容推荐可以提高网站的流量和增加用户黏性以及强化搜索范围等等。

目前在云搜索服务过程中包含的主要功能有：拥有站内搜索功能、帖子页推荐、划词搜索、弹窗推荐、refer推荐、首页热词分析等。站内搜索则是云搜索服务中最基本的功能，可以根据用户信息需求的变化来定制结构化数据，并进行定时定点的数据更新，为云搜索服务带来极大的好处。另外常用的还有首页热词分析，首页热词是云搜索服务的运营助手，可以根据信息流量动态的伸缩信息资源，能及时地对用户信息做出反馈，是云搜索服务中重要的一项功能。

第二节 基于物联网的图书馆信息服务管理

一、图书馆物联网技术应用范围

物联网是指通过射频识别、红外感应器、全球定位系统、激光扫描器等信息传感设备，按约定的协议，把任何物品与互联网相连接，进行信息交换和通信，以实现对物品的智能化识别、定位、跟踪、监控和管理的一种网络。通过物联网的定义不难看出，物联网技术并不是对现有技术的革命性创新，而是通过对现有技术的综合运用，以达到“物物相连”的设想。物联网涉及的关键技术非常多，从传感器技术到通信网络技术，从嵌入式微处理节点到计算机软件系统，包含了自动控制、通信、计算机等不同领域，是跨学科的综合应用。

目前,图书馆使用物联网技术主要在信息处理、图书馆管理和读者服务三个方面进行应用。

(一)信息处理

图书馆利用物联网技术,可以实现信息处理的自动化,主要包括文献编目和文献分类。

1. 文献编目

在图书馆传统的编目业务流程中,一直奉行规范化和标准化的原则,这种规范化的标准奠定了图书馆协作的基础。此外,联合目录、集中目录、在版编目等理论推动编目工作的改进,并为图书馆文献资源共享作铺垫,这些理论对图书馆均产生了实质性影响。进入新的信息环境后,通过网络进行的联机编目比过去的集中编日更有效率,大大突破了目录信息共享的时空限制。物联网可以提供书目转成文件接口,可将CNMARC书目数据转入EPC系统。通过对图书位置、分布、流通及流向管理,加强图书的分类、定位和数据采集,有助于图书馆了解读者需求,提高工作效率,将馆员从传统的管理,转向为读者服务或进行其他增值服务。

2. 文献分类

随着现代信息技术的发展,传统的分类法在网络信息传递中显得不适应,而自然语言的检索方法变得更受欢迎。在新的信息技术环境下,书目的检索已不是仅仅依赖分类法而进行的。物联网的使用可以使图书分类系统显示图书所属类别、架位、馆藏地点等信息,减少分类时间,减少错架,提高归架效率。减轻工作人员的强度,提高工作效率。

(二)图书馆管理

随着信息技术的不断深入,图书馆中许多新的业务得以展开,其中最为重要的是信息提供的中介成为自动化信息管理系统,从而减少了图书馆内从事信息储藏与处理的人员,出现了“没有图书馆员的图书馆”的新局面。图书馆现代化是网络、技术、人员、组织结构、文献布局等全方位的现代化。因此,图书馆的发展是基础工作的积累过程,也是知识技术的积累过程,信息技术虽然已经发展到一个高度,但是只有使信息技术更好地与图书馆相结合,才能推动双方的共同发展。当物联网技术在图书馆被广泛使用,才会使图书馆知识管理变得有效、快捷和可行。

图书馆的书籍分配工作。在一些装满贴有EPC标签的图书通过读写器的扫描区时,读写器将会得到大量的不同层级的EPC标签信息,并辨认出各类图书的信息,快速对图书分级(分配)。同时根据需要对有关信息进行核对处理,将其结果传回数据库中,建立相应的分配清单,大大提高了上架的及时性和效能。图书馆的盘点工作。由于受传统的管理模式、时间、人力、物力等硬件条件制约,图书馆盘点时必须闭馆,把架上的图书逐本一一扫描清点,工作量大,耗时、耗力、耗财。而使用物联网技术后,只需将手持阅读器在书架上横扫一遍,就能读取贴有电子标签的图书的全部数据,无须闭馆,操作时间灵活,可轻易寻找及分辨在书架的书籍,在不影响正常工作下,完成盘点和顺架工作,减少失误。并将盘点统计相关的记录传回数据库中,建立相关报表。同时也可将图书馆自动化管理中已借出和归还的馆藏数据转入系统中,做相关数据的比对和查询,提供相关的统计报表,如错架清单、取阅人数统计,未在架清单等。此外,多台设备同时盘点,并支持笔记本盘点,也可离线工作。完成精确典藏、快速查找、搜寻预约图书、科学排架、顺架、防盗、数据备份和恢复等功能。

(三)读者服务

现在,图书馆不仅在图书馆指南、新书通报、期刊目次服务、参考咨询、文献利用教育等传统服务可以利用网络,而且在一次文献提供、信息检索、信息导航等方面都大有用武之地。随着信息环境的变化,读者对图书馆的期望大大提高,图书馆服务场所不再限于图书馆建筑之内,服务方式也由面对面变为可通过网络或其他通信工具进行,服务原则也由强调按时服务变为强调及时服务。

物联网下的读者服务基本沿用原有的借书管理模块,只需将条形码借书证与条码阅读器换成IC卡借书证与感应式IC卡阅读器。利用自助借还书的外围设备,读者可自行办理图书的借阅与归还查询业务,实现读者与图书馆互动。

图书相关信息查询。通过物联网技术可以方便查询相关书籍设定的信息,馆藏书目数据、借阅数据及图书当前所在位置。

自动借书、还书系统。物联网下的自动借书、还书系统具有简单操作及说明，人性化错误操作提示的特点。读者不必排队等候，也可不经图书馆员协助完成借书，只要将自己的借书证和需借阅的图书放在借阅设备的感应区上，物联网系统的RFID可进行自动识别和扫描处理。通过与图书馆自动化借阅系统连接，确认后即完成借书，并在屏幕上显示确认完成的信息，打印读者借阅清单，同时解除电子标签的安全侦测位元，图书能顺利通过检测门。与借书系统一样，读者也可自主还书，操作完成后打印还书凭条。图书中的安全侦测位元同时被启动，通过检测门时会触动警铃。在确认还书完成后，系统自动撷取馆藏信息，通知中心系统更新图书信息及读者信息。

电子防盗系统。物联网本身是一个先进的EPC系统，它有声、光提示报警功能，同时能拍照，可对影像提取辨识处理，避免纠纷，安全性高。真正能达到“如果有人试图避开警报偷取图书或其他媒体资料，图书馆仍然可追踪图书，从而将其归放原处”的效果。

二、基于物联网关键技术的图书馆信息服务管理

（一）图书馆信息服务内容的变化

近些年来，传统图书馆提供的信息服务内容也在发生了很大的变化。用户的需求在不断变化，但传统图书馆提供给读者的多为专业性很强或有特殊需求的查询服务，服务内容上还不够全面。数字图书馆时代，随着用户类型和获取服务手段的不断扩展，用户需求也在逐渐转变为更大众的信息检索与知识获取，并且相当一部分的信息资源还能为读者提供休闲娱乐的服务。服务内容不断变化具体表现在以下几个方面①。

1.信息需求的全面化与系统化

随着社会的不断进步，更多的用户对能获取到的信息内容有了更高的要求，用户不再只是简单地寻求本专业范围内的知识，已经开始意识到需要完善自己的知识结构，加强各方面的文化素质。同时，由于网络信息量的庞杂，用户检索真正符合需要的信息较为困难，这就衍生出了用户对信息内容系统化的需求，信息需要经过组织、挖掘、过滤、集成等深度加工提炼后，才能够提供给最终用户。

①温博华．物联网技术在智能图书馆中的应用[J]．计算机产品与流通，2018(04)：159.

2.信息内容载体多样化

随着信息技术的不断发展，各类终端设备也在快速地诞生并更新换代，用户获取的信息类型不只是传统的实体文献，更多的时候，更需要的是获取和浏览更方便的多媒体数字信息。要求信息类型更多样，并且能够有更好的终端适应性。

3.信息获取高效化

随着网络技术的不断革新，用户希望第一时间获取想要的最新信息的同时，也希望获取信息的过程更为便捷、高效。这些都要求基础服务设施，如网络、存储、应用系统设备等具有较高的性能和更好的兼容性与稳定性。

以上这些需求变化与发展趋势，都要求提供信息服务的图书馆从业者能够意识到这一点，能够以最新的技术作为有力的支撑，不断优化更新服务手段，给予用户更全面更实用的信息服务，全面保障用户需求。

（二）基于物联网技术的图书馆信息服务体系

传统物联网的体系架构分为：泛在化的感知网络、融合化的网络通信技术设施、普适化的应用服务，共三层。基于物联网技术的图书馆信息服务是在以图书馆基础设施与基本业务为基础的前提下，以传统物联网的体系架构为支撑，辅以相关技术作为支持而成型。

1.用于数字信息感知与采集的感知层

通过信息感知与采集的感知层部分，读者、图书馆工作人员以及图书馆相关系统可以打破传统图书馆的时间空间的限制，能够随时随地感知、捕获、采集数字图书馆信息，并能够进行相互间传递。这些可采集的信息包括馆藏信息、资源或系统的运行状态、数字化的信息资源等；信息采集的方式除了传统的条形码和实体IC卡外，还包括了更具优势的RFID和二维码等新型感知设备。

在这一部分主要涉及信息的感知和采集，将会更多地用到物联网领域的微电子技术、射频识别和条码识别技术，同时一些监控系统还会用到传感器一类的技术。通过这一层，数字图书馆实现了对“物”的感知，使物联网技术在数字图书馆的全面开展和应用迈出了坚实的一步。

2.融合管理通信网络的网络层

通信网络的融合与管理在整个物联网服务体系内，起到了承上启下的桥接功能。网络层将通过各种形式的通信网络，把分散在各地和不同系统内的图书馆资源与信息连接起来，进行高速交互与共享。

目前，我国图书馆界建设数字图书馆过程中，网络建设较为成型并搭建了各种类型的网络环境。在进一步的建设中，首先需要利用三网融合和M2M通信等技术，将原来平行、独立的各种网络形式进行有机的融合，比如，将移动互联网与普通的互联网进行融合；另外，利用数据和信号处理技术，将异构网络的数据转换成各应用系统都能识别的统一格式后，再进行传递。借助已经联通的网络，实现人与物、物与物之间随时随地的通信。

3.提供智能化终端服务的应用层

我们根据应用方式和领域的不同，将图书馆物联网应用分为以下三类应用：智能化服务，智能化管理和智能化监控。其中，智能化服务通过RFID、二维码、移动服务相关技术等向读者提供智能化的知识获取服务；智能化管理通过借助相关设备及系统，以及其他管理系统等辅助设备收集服务信息，通过组织分析系统给出有价值的信息，为图书馆决策提供重要信息并为读者提供个性化服务；智能化监控则是通过对数字图书馆的软硬件平台设备和馆舍设施信息感知后进行监控管理。

图书馆物联网应用服务将把通过网络层传输的信息加以汇聚，通过各种高性能的数据处理与分析，最终形成服务内容提供给不同用户，达到人性化和个性化的体验。

（三）基于物联网技术的图书馆智能化信息服务

目前，随着数字图书馆建设的热潮，越来越多基于物联网的技术已经在图书馆界推出，同时，更多新的技术还在不断地产生和发展着，怎样能更好地将这些新技术应用于图书馆的信息服务与管理中，并与此前的技术较好地结合，将是新时代的图书馆服务建设的工作重点之一。

为解决传统图书馆在借阅服务中出现的响应慢等问题，一些图书馆适时地推出了如RFID自助借还、24小时自助还书设施、自助办证、智能导航等一系列便于读者借阅操作的RFID服务；另外，为了加强推送能力，一些图书馆推出了如移动数字图书馆、WAP网站、短彩信等一系列移动互联网服务推送信息资源。这些智能化物联网服务在改善图书馆服务能力的同时，打破了传统图书馆墙壁的界限，把图书馆延伸到读者身边。

传统图书馆中服务中出现的问题正在慢慢得到改善。

这里主要提出二维码识别技术在图书馆领域的应用,这项技术相比其他条码技术有其特有的优势,尽管目前在其他领域已经有比较成型的应用,但在我国图书馆界还没有能够形成完整的服务体系,还没有和传统图书馆的业务服务很好地结合起来。在图书馆相关领域的信息服务中,基于二维码的服务可以从读者身份识别、书目信息识别两个方面开展。

1.读者身份识别服务

如果图书馆可以将读者的证卡号码、经过加密处理的密码、读者姓名、读者权限类型等信息,生成一个二维码,通过短彩信平台或者微信下发给读者,读者将二维码存储到手机或平板电脑等这些经常会随身携带的移动设备中,进入阅览室只需要通过识别设备读取这个二维码即可完成过去的刷卡操作。

与原有用于识别读者身份的IC卡相比,二维码的读取和刷取读者卡在读取速度和安全性上能得到保障,其优势在于:首先,在造价上远远低于办理实体卡所投入的费用,能够节省一部分图书馆的开支;其次随着智能化的移动设备的普遍应用,二维码信息可以保存在移动设备中,更便于随身携带;最后,二维码的获取方式简便,简化原有的发证和认证的流程;另外,实体读者卡一般采用磁卡制作,容易出现消磁的情况,而二维码由于是生成的图像则不会出现这种问题,它的可靠性、耐用性更高。

2.书目信息识别服务

当读者在任何地点看到一本书,只要书内印有标志书目信息内容的二维码,都可以通过手机或平板电脑上的应用程序,识别二维码的内容,根据识别出的书目信息,通过移动互联网或无线网络连入图书馆内,进行书目检索并借阅。同时,如果该本书已经数字化,并拥有通过互联网及移动互联网提供服务的版权,则可以直接推送数字资源给读者。

推行基于二维码的书目信息识别服务,除了二维码相比于其他信息识别介质具有信息容量大、识别速度高、可表示的信息种类全、可靠性好、更为廉价等优点以外,更重要的是由于目前二维码识别技术已经广泛应用于智能手机、平板电脑这些读者可以随身携带的移动设备中,通过通用的应用程序,读者将可以随时随地进行操作,打破了传统图书馆的时间空间的限制。同时，二维码识别率较高，使得数字资源的借阅操作更为简便，避免了读者输入书目信息时可能出现的错误，提升了用户体验。

（四）基于物联网技术的图书馆信息智能化管理

为解决人工管理中遇到的问题，不少图书馆都开展了如RFID文献管理，借助RFID进行书目的上架归位等管理工作，相应地再辅助以一些新型的智能化服务手段，在馆藏管理效果取得了比较明显的改观。但与此同时，随着读者文化水平和品位的提高，对图书馆提供的服务内容和信息服务的个性化推送方面都有了更高的要求，要求图书馆的服务更为专业化和个性化。目前很多图书馆所开展的不同形式的服务大多处于独立的状态，各自有自己的服务范围和用户信息，数据类型各不相同，导致相互之间的数据资源不能通用，给图书馆业务的统一管理和共建共享带来了困难。

这里提出图书馆的信息智能化管理，主要目的是要在实现服务范围和数据标准统一的前提下，以智能化服务为基础，对汇聚到一起的信息进行智能分析，得到管理者需要的决策信息和读者需要的个性化服务。

智能化的图书馆管理主要分为信息汇聚、信息分析和信息推送三部分。汇聚的数据来自管理系统和业务服务系统，这些数据通过传感网、互联网和移动互联网等网络形式上传至图书馆自动化管理系统和图书馆检索系统中，并且借助一套信息汇聚系统将全部读者行为信息数据进行汇聚整理。通过图书馆的智能分析系统将深度挖掘汇聚的读者行为信息，形成读者的行为偏好和管理决策信息。借助智能分析系统，向管理者和图书馆检索系统分别推送决策信息和读者行为偏好信息，再由检索系统向其他应用服务推送行为偏好信息。另外，自动化集成系统和检索系统也会主动向应用系统推送一些信息。

图书馆智能化管理中，最核心的部分是智能分析系统，而智能分析系统中最关键的步骤就是数据挖掘。数据挖掘简单理解就是从大量的数据中挖掘出有用的信息，它通过抽取大量的读者业务数据，经过转化、分析和模块化处理，从中提取辅助决策的关键知识，即从一个数据库中自动发现相关的读者借阅行为和偏好，甚至是一些潜在的行为和偏好。

随着读者行为偏好正向多样性和动态性发展，通过智能化管理模式，图书馆将会为读者推出个性化的信息推送服务。根据读者行为偏好的不同,图书馆智能化管理也为管理者的决策提供依据,管理者将会了解什么时间该为哪类读者提供何种服务,从全局角度改善服务能力和质量。在采用统一技术标准的前提下,智能化管理将会把原本各自为政的各项服务有效整合,相互提供服务的参考依据,互相促进,共同发展。

第三节 基于云计算的图书馆信息服务管理

互联网技术的迅猛发展和广泛普及,使得数字信息渐渐渗透到社会各个领域。图书馆的主要元素是信息,而传统、陈旧的信息传播途径已经无法跟上时代的发展步伐。因此,构建一个信息丰富、使用方便的图书馆至关重要,这促进了“云”图书馆的概念萌芽以及飞速发展。“云”图书馆的出现,为视频、语音、文献资料等各种信息提供了统一规划管理,最大限度地拓宽了信息渠道,丰富了信息量。其惊人的资源存储能力、整合能力、传播能力给图书馆信息服务模式开辟了新时代。

一、云计算应用于图书馆信息服务的优势

(一)减少了图书馆建设中的投入成本

随着数字化时代的进步,信息技术开始崛起,并为人们的生活提供了很大的便利,图书馆作为公共服务设施建设,在人们的日常生活中必不可少,为了提高图书馆运作效率,同时减少建设成本,有关部门需要紧跟数字时代的潮流,通过运用电子信息技术对图书馆的相关基础设施进行更新,用数据库软件系统或是云计算取代落后的软硬件设施,从而解决相关问题。依托云计算的技术和数据库网络作为后备支持,工作人员只需要借助网络平台就可以找到所有想要的资源,对于用户而言,他们既不需要花大价钱去向供应商购买软件和高配置的计算机,也可以节省获取资源时间,可谓一举两得。

除此以外,云计算供应商能够保障后期的服务和系统的维护,同时云计算技术又能够确保信息安全,避免受到病毒的入侵。以往图书馆网络运作时,单一的服务器支持通常会因为过多的在线客户而产生服务器崩

溃的风险，或者因为过多用户同时在线，服务器响应速度会大大降低。但是云计算技术的支持能够很好地解决这个问题，通过为每一个用户提供对应的服务器，换句话说，就是将单线程服务器转变为多线程服务器，做到平均分摊大量用户，同时良好的运算能力又保障了用户获取信息和处理信息的高效性，避免因为系统拥挤而影响处理效率，既无须购买大量服务器，又能保证信息服务稳定性，节约了成本，也大大地提升了图书馆信息服务能力。

（二）高效的信息资源整合能力与存储能力

云计算的设立初衷是为了通过数据库支持来整合互联网信息资源。而对于图书馆建设来说，云计算技术能够将各种各样的文献资料予以整合，并存放在数据库中，便于用户的共享和使用，同一用户不必再为了检索不同的资源大费周章的进入不同的数据库中，或者利用不用的检索界面去查找他们所需要的信息，这一转变大大提高了检索效率。此外，用户只需要连入端口，就可以随时随地获得他们所想要的资料，节省了大量的时间、成本，既方便了用户，又方便了图书馆本身。相较于其他形式的存储介质，云计算技术能够给数据信息提供最安全的保障，纸质数据不仅容易丢失，还会因为外界条件受到损害，光盘的数据支持稍显落后，存储容量也会受到一定的限制，硬盘更是通常会因为病毒的入侵而损害内部的数据信息。而云计算依托多线程的服务器支持，同时融入了备份和数据恢复的技术功能，将数据存储在“云端”服务器，不仅便于保存，而且能够为用户提供安全保障，即便某个服务器无法正常运作了，也能够在短时间内做出自我恢复指令，避免数据的损坏，给用户的使用提供了很大的安全保险①。

（三）提高用户获取资源的效率

在云计算技术还没有得到普及的时候，用户只能通过图书馆内部网络获取自己所想要的资源，用户想要查找所需的资源，就必须去图书馆实地调取，这不仅在时间、空间上给用户带来了很多的不便，更给图书馆本身带来了一定的压力，但是云计算依托远程无线技术，能够让用户随时随地接入图书馆网络平台，甚至说，用户只需要使用手机或是其他电

①夏雪. 云计算在图书馆信息服务中的应用[J]. 农业图书情报学刊，2013，25(11)：53-56.

子设备，通过无线网络接入图书馆云计算的端口，进入图书馆的数据库，就能轻松地获得资源，这种技术支持让图书馆成为真正意义上的服务平台，完全摈弃了以往复杂烦琐的信息获取方式，大大提升了图书馆信息服务的能力。

二、基于云计算的图书馆信息服务管理优化

随着数字时代的进步，信息技术开始崛起，给人们的生活提供了很大的便利，对于图书馆而言，日常的工作也离不开信息技术的支持。信息技术的革新会带动图书馆管理模式和数据平台的进步，对图书馆的日常运作产生很大的影响。云计算技术能够从各个方面给图书馆的运作带来改变，同时技术支持又能够解决图书馆日常工作和数据处理等方面所会面临的问题，我们可以预见，随着云计算的普及和信息技术的不断进步，会有越来越多的图书馆开始用云计算取代以往落后的设备，提升图书馆信息服务质量。

（一）削减建设成本，提升用户体验

对于图书馆而言，他们应该将更多的精力投入云计算技术的进步上，紧跟数字时代的浪潮，并对这种技术有适当的接触，通过学习和比对，筛选出最适合自身发展的云计算技术，并与图书馆的日常建设相结合，比如管理体系设立或者是基础设施建设。首先在资金投入上一定要合理分配，盲目的增强计算机等硬件设备的投入是不能直截了当地提升图书馆信息服务能力的，没有合适的软件做支撑，即便再先进的设备也无用武之地，图书馆应当因地制宜，加强馆内环境改善建设，诸如基础设施的更新与换代，服务人员素质的提高，同时将更多的资金花在云计算的引入上来，培训一大批先进的馆内人才，通过他们发展图书馆云计算技术，为用户提供更好的信息资源服务，但是这只是针对单一图书馆，毕竟单个图书馆能力有限，如何有效规划投入成本都无法完美解决当下信息资源飞速增长的问题，图书馆建设还是离不开馆间互相帮助。

1.加强馆际联合，资源共享

所以我们可以加强馆间联系，来解决这个问题，我们都知道“云图书馆”有大中小不同的类别，小型的“云图书馆”基本能满足本馆读者需求而专门设立对应的服务器集群；中型的“云图书馆”服务于本地或小区域

的范围的资源共享内容，由若干小型的“云图书馆”组合而成；而大型的“云图书馆”，具有整合功能大、范围远的特征，也是由若干高端的服务器集群而成。总的来说，“云图书馆”的不同类别馆可以多元全面地提供各种服务项目，完全可以进行跨地域信息储备和记录，同时也可以把资源对集群中的其他分馆成员进行共享，如果我们将大、中、小型图书馆云整合起来，互相进行资源分享，可以很大程度地避免信息冗余和重复建设问题，小型图书馆因此可以节约一大批资源购买资金，在存储设备上也可以不必进行多余的买入，三种图书馆的资源覆盖率都得到了提高，其辐射的地区消费者也会得到更广泛的挖掘，这不仅可以大大节约建设成本，更能为图书馆共建共享文献信息资源提供统一平台。

2.加强图书馆信息可用性

在互联网的范围内对信息资源进行自由组合和传输，并满足使用者的信息需求，这将会产生更多潜在的消费群体，越来越多的群体会因为“云”图书馆的可用性强而乐于使用图书馆。

第一，受众大和全方位。使用网上数字化图书馆的受众面比较大，使用对象来自不同行业领域和不同群体。这比现实中的传统图书馆面对面单一受众范围更大，在服务内容上更加丰富和便捷。特别是利用了云计算，在进行数字化图书馆的享受过程中，可以快速检索到使用者的相关身份信息，节约了时间成本，另外只需安装与之对应的服务APP或下载系统配套的搜索引擎，就能满足不同使用群体的个性化需求。

第二，信息资源选择多。传统图书馆自身在服务过程中会受到来自时间和空间上不同程度的制约。许多纸质的书籍文献需要到图书馆来能借阅。一些数字图书网站的创立，操作方式的固定化，使用对象的电子资源需要通过指定的电子图书馆下载后才能共享，极大增加了系统的内存容量和时间成本。“云时代的”图书馆信息服务功能全，资源选择多。网络服务是主要的消费渠道，只有安装了云服务集群配置和配套的APP，无须对任何的信息资源数据进行解压和分解，就可以自动保存使用对象所需的数据资源和文本信息，高效性和及时性尤为凸显。

第三，使用目的的多样化。传统现实的图书馆的受众全体一般是专业化的学习人士或是流动的个体用户，相比而言，生活中的受众群体不大，无法满足用户的多样化的需求服务。而图书馆利用互联网进行资源收集和分享,使用的目的呈现多样化趋势,人们可以在线学习培训、寻找同城娱乐伙伴、自由了解时政热点、下载各种功能软件等等。甚至信息来源多元化也能促进科学研究自动化。可以说在满足个体化需求和使用目的多样化选择上,图书馆可以根据自身优势,对资源合理配置和分类,为使用者带来更多的惊喜和收获。

(二)加强信息资源整合与共享,提供全面化信息服务内容

对于图书馆的未来发展趋势而言,通过整合信息资源,降低基础设施的构建难度,简化管理程序,提高运作管理的效率,削减运作成本是图书馆的核心任务,以此战略目标为导向制定合适的发展方针,能够确保图书馆在未来的建设中更好地应对运作风险,并谋求更长远的发展。云计算技术和数据库技术的支持,能够对图书馆大量离散的信息资源进行整合,并储存在相应的虚拟服务器中,便于用户的共享和使用。而在信息整合的过程中,又能够加快数据的相互传递和业务之间的交叉运作,形成规范化的数据体系,借此完善图书馆的信息平台,提升信息服务的质量。同时能够更好地整合网络资源,并对相应的数据进行及时处理,提大的提升了数据中心的工作效率。图书馆在完善基本构架的过程中,会逐渐建立起一个规范的信息平台用于信息的共享和使用,将图书馆的信息服务与资源共享紧密结合在一起,实现一个大规模资源合并,并借助云计算技术传递这些资源集合,使用户能享受最完善的信息服务。

第一,打造全面化的信息需求。时代在发展,使用对象对于信息的需求也不断扩大。互联网环境可以促进信息传递的快捷性,从而激发不同层次的消费群体对于潜在的信息的挖掘,因此使用对象对图书馆的使用和期待呈现了不断增长的态势。网络世界信息繁杂和庞大的数据库对不同领域的信息需求量更多,这就需要打造全面化的信息服务系统,及时跟踪个体的信息服务动态和回馈,保证信息资源的最大化传递和分享。

第二,“云”提供丰富多样的信息内容。固定的专业化的学术信息研究和理论知识难以适应使用对象对于多元内容的获取。随着社会信息化日益发展,使用对象对于综合性信息的挖掘更为密切。如系统的思维知识架构、丰富的文化素养、高端的生活品质等精细化的内容追求,在信息载体除了要沿用传统的图文印刷文献和实物呈现,更需要植入具有直观性和整体性的多媒体信息,生动而便于理解。

第三,图书馆信息资源的定位提高。互联网的信息储存容量大、范围广、内容多,因此难以满足个性化的用户对象对信息的快速浏览和具体检索。图书馆专业的信息服务软件,可以根据用户的具体需求进行针对性的搜索和整理,筛选掉无用的原始信息,进行自动化的再次加工,最后将信息类型合并,综合集成并完美呈现。极大地提高了图书馆对于信息资源的有效定位。

第四,有助于附加信息产业的建设。在云计算时代,信息流动性大,具有独立性。它可以有效整合相关的生产要素并进行完善和调整。信息化时代可以提高信息资源的利用率,从而减小产品在生产上和材料上的经济成本投入,从而提高资源的附加值。换句话说,在某种程度上网络信息资源优于商品的生产资源。整体而言,使用对象利用图书馆对信息获取的目的不仅是完成简单基本的查阅和检索,更多的是辐射到其他领域的系列信息,也就是说是借助图书馆平台来提高其他信息产业的知识基础,因此“云”图书馆的信息服务不仅能够作用于其自身,也是整个社会信息产业的有效助力者。

(三)构建新的用户与系统交互界面,满足用户个性化需求

传统图书馆的用户与系统交互界面非常陈旧与老套,只有基本的信息检索功能,在信息社会高度发展的今天,用户的需求更加多种多样,沿用落后的界面只会让图书馆流失更多用户,也会让它被现今纷繁多样的网络检索系统所淘汰,因此设计一个新型的用户与系统交互界面具有很强的现实意义。

1.基于云计算的数字图书信息服务系统设计

一个基于云计算的图书馆信息服务用户界面,其最基本的要满足用户检索需求,用户个人信息保存需求,用户个性化需求,与其相辅相成的有基本的数据库系统和图书馆管理系统,那么用户系统—管理系统—数据库系统,是组成“云”图书馆信息服务的整体三大内容,用来平衡使用对象和后台操作管理人员利用数据库系统信息资源进行资源计算转换和资源共享。用户系统中每个独立运行的模块内容之间是相互作用相互补充,能够更好地进行资源的优化配置和空间的合理开发。构成用户系统功能的五大模块分别是:基本信息资料管理与维护、个性化需求的专门定制、资源信息的浏览与查阅、文件信息的储存文档、信息回馈箱的设置。其他系统也能辅助信息服务系统的正常运行。

第一，基本信息资料的管理和维护。通过绘制表格将使用对象的基本信息进行储存。如登录名、真实名、生日、学历水平、职业等简单信息的登记，主要目的是建立使用对象与服务系统之间建构平等对接平台，为了保证初次使用对象所填写的信息安全性，会签订具有法律效应的个人隐私权协议。使用对象可以根据自己的需要自主选择信息的更改与管理。系统也会同步及时更新数据和动态，从而保证个性化信息服务系统的高效服务。

第二，个性化信息需求的专门定制。每个使用对象都拥有常规的服务功能，针对不同层次的消费群体系统会自动生成满足使用对象的特殊需求和具有专门的个性化服务选择。使用云平台进行个性化服务系统的组建，可以最大限度地提高系统运算资源的高效利用。个性化需求的专门定制主要有两大内容。一个是“使用定制”。指的是使用对象可以自由组合图文、调节明暗光度、多变的布局排列等。另一个是“服务定制”。指的是个性化服务主题和内容的定制。系统会将数据字码进行整合归类，满足不同阶段的使用对象的服务资源呈现。可以按照不同的数据资源和服务内容进行标准化分类，用户可以自由地根据这些功能选择心仪的选项整合搭配并形成菜单定制。另外，使用对象可以结合自身的实际情况来调整或建立特色风格的菜单模式，这种个性化功能服务的定制适用于学生群体、办公人群甚至生活中的每个人。

第三，资源信息的浏览与查阅。使用对象除了可以根据数据检索方式对馆藏文献资料进行查阅，还可以利用数字资源进行自动化的浏览和信息筛选。系统可以根据使用对象的描述进行个性化数据模型对接，筛选出针对性的内容信息。这些资源的全面划分和有序呈现可以同时满足不同群体，一旦使用对象无法匹配出对应的信息，可以结合高级的其他云端再次查阅需求的资源信息，内容辐射面将会更广。

第四，文件夹的储存和保存。为了方便使用对象对信息资源的有效管理，特设了文件夹的收藏功能，可以把自己检索到的相关文章、链接复制和常见的检索项进行整理和储存。其中最大的特色就是建立文档空间，使用对象可以进行在线编辑文档，对获取到的各种信息资源及时再次精加工。只要登录更换终端和具体定位就可以便捷进行文档修改和润色。

第五,信息回馈箱的设置。这是服务系统为了方便对使用对象的管理而设置的服务功能,主要是以邮件收发的方式来定期提醒个性化专门定制的详细进展情况,同时管家也会在邮箱中针对使用对象遇到的不同主题内容或特殊情况进行答疑和回复。所有的信息回馈都有存档记录。可以说系统为使用对象和管家提供了平等的交流桥梁,可以根据具体问题来改善功能配置甚至还可以申请在菜单添加新内容。使用的数字资源信息及时反馈可以保证系统与用户的良好互动,保证了系统的新鲜性,也更能满足用户信息需求。

2.用户系统主动推送的服务模式

用户不仅可以自主的发出信息需求,系统本身也可以主动进行信息推送。其作用主要是为了增强系统与用户的交互性,使用户在使用过程中能够更直观地感受到系统的服务作用,而不是自己在做单一的信息诉求,这能更好地提升用户对服务的满意度。

用户系统主动推送模式包括具体四个内容:①登录注册并提交信息。包括基本的使用对象信息填写和需要个性化定制的主题、内容、推送时长等。②“云”中的“推送服务代理”。服务系统会自动筛选与之匹配的各种数据特征对应的信息,并分析使用对象的心理需求录入到自己的数据库中,方便下次继续记录并比较。③本“云”和其他“云”的合作。由于主动推送的内容需求更加精细和完善,系统在本云中找不到符合的信息就会辐射到其他云端进行匹配,并相互记录方便下次推送。④智能化回馈。使用对象一旦登录到“云”系统就可以在用户信箱中收到系统主动推送的信息内容,这是根据用户的检索习惯与长期需求甄选出的精信息,能够对应用户的需求。

(四)“云”图书馆信息安全存储推进手段

对于图书馆的发展而言,信息安全是无法避免的一个话题,它同样也备受用户的关注,云计算技术让用户可以将数据信息存储于云端数据库中,以便进行随时的共享,这点就很好地规避了传统图书馆硬盘损毁所带来的数据风险,但是由于网络的不确定性和风险性,通常当服务器产生问题时,云服务商自身出现严重安全问题时,用户信息就会发生外漏,信息的安全性得不到最基本的保障。而一些重要的个人数据或者信息在网络平台中一旦被人窃取或者发生缺失，对于图书馆的发展会带来极大的负面影响。由此我们可以看出，云计算技术虽然便捷、高效，但是归根到底安全性仍然需要被放在首位，这是推进"云"图书馆必不可少的要素。

1.建立云安全平台

图书馆其实就是云服务的一个中间商，所以我们可以联合众多图书馆成立一个图书馆云联盟，通过联盟进行信息传递，同时公开信息服务，实现业务的透明化。但是网络体系存在太多的不确定性和风险性，因而联盟平台的建立需要依托安全管理的支持，可以通过本地服务平台或者安全产品，为数据平台建立一套合规合法合适的信息防护屏障，保障用户在使用的过程中，不发生信息外泄或是缺漏的情况发生。同时，借助这种安全预防技术，用户不需要浪费时间在电脑上保存病毒库信息，仅仅需要通过进入云计算数据平台，借助其中的信息处理技术，在很短的时间内就可以判断文件的安全性，这种技术不需要高配置的计算机作为基础，可以削减硬件成本，同时与网络安全软件共同使用又能够起到很好的防护罩的作用，抵御网络风险，保障客户信息安全，让客户安心地使用图书馆的云服务。

2.制定完善的资源保障体系

对于以云计算为核心的图书馆进行架构建设的时候，有关部门需要从很多方面实现运作的统一，在明确信息共享权限的同时，保障图书馆体系运作的高效，其中针对数据中心可使用的资源、信息使用权限、使用有效期限，甚至是用户身份认证等等方面，都需要制定统一的服务标准进行规范，避免用户在使用过程中因为信息分配不均而产生的纠纷。图书馆的建设一方面离不开云计算的技术支持，另一方面也离不开安全管理的保障，因此有关部门在完善服务模式的过程中，要同时考虑技术层面和安全层面的问题。云计算的技术基础是数据库平台，用户的信息和相关数据资源都会被存储在数据库中，便于资源的分配和共享，建立数据库的好处在于，监管者能够更快捷地进行监督审核，避免了对分散资源监察所可能产生的缺漏。用户需要凭借身份认证进入信息平台。但是这种方式仍然不能完全保障数据库的安全，有关部门需要建立一个更完善的认证系统，一方面要以最快的速度识别客户身份，同时降低可能的识别错误率，另一方面要从根本上保障信息的安全，加强数据库安全建设，让用户更加安心，避免数据的缺失和外泄。这是对用户信息安全的保障，也可以保护用户的信息权及数据所有权。

第四节 基于微媒体的图书馆信息服务管理

随着网络传输技术的进步和移动终端的不断更新和发展，以微博、微信为代表的网络新媒体迅速兴起和发展。微博、微信等微媒体作为一种不断发展的信息生产、获取、传播、分享的新型自媒体平台，迅速成为各行各业、社会各界开展微服务的媒介基础。在图书馆信息服务领域，微媒体的运用突破了时空限制，为读者提供了更加便捷、高效、优质的服务，成为图书馆信息服务的新媒介和新方式。

一、图书馆利用微媒体开展信息服务的动力分析

(一)微媒体的特点

在Web3.0时期，网络技术的发展需要依靠独特的传播结构，这个结构也就是微媒体。在这种形式下，单个信息的获取没有太大的作用，只有信息全都编制在网络中，对数据加以关联和计算，方可以得到想要的计算结果。

随着网络传输技术的进步与移动终端的不断更新和发展，以微博、微信为代表的网络新媒体迅速兴起和发展，这不仅对人们生活习惯、生活方式产生了深刻的影响，更对工作内容、产业结构产生了巨大的影响，成为各行各业、社会各界开展微服务的媒介基础。微媒体与传统媒体相比在传播过程中所具有的特点与优势如下。

1.传播主体多元化与普泛化

微媒体时代，微媒体赋予每个用户以话语权，任何人都有机会参与到信息传播中来，打破了传统媒体信息单向传播的模式，信息传播者和信息传播受众之间的界限越来越模糊，也就是说，信息传播者和信息传播受众在短时间内迅速切换。用户借助微媒体这个平台，发布信息、传播

信息，不断推动信息来源的开放化和信息传播的多向化。随着传播主体的多元化，传播主体也呈现出普泛化的趋势，改变了传统媒体信息传播中的传受关系，任何微媒体用户既是传播者，又是受众。

传播主体的多元化和普泛化，不仅突显出了网络民意的重要地位，也为网络意见领袖群体的诞生创造了条件。而这些网络意见领袖对于信息传播效果通常具有意想不到的巨大作用。有专家声称，微媒体发展到现在，传递的已经不是信息那么简单了，更重要的是传播思想，思想的传播可能会影响到整个社会的价值观。所以，微媒体传播主体的多元化和普泛化，不仅为我们提供了信息互动的良好平台，同时也要求我们加大对网络舆情的关注和治理力度。

2. 传播内容交互化与碎片化

传播内容的交互化是微媒体传播的核心特点。报纸广播等传统媒体信息内容形式单一，微媒体的传播内容在形式上可以是文字、图片、音频、视频等，更加丰富多彩形象生动，更加有效地满足用户的信息需求。电视等传统媒体虽然也有类似多媒体化的功能，但是与之相比微媒体具有的互动功能更加强大，这些是传统媒体和微博、微信、微视频等微媒体在信息内容方面最大的差异。

另外，信息的碎片化特征明显，微媒体的产生与发展推动着人们步入碎片化信息时代。微媒体用户每天通过微博、微信等方式获取信息、关注资讯，却对信息缺乏深度理解和记忆。微媒体正逐渐改变着人们的阅读习惯，这对图书馆界运用微媒体进行信息服务来说，既是一种机遇，又是一种挑战。如何在海量的信息中，打造短小精悍、有价值有营养的信息内容，提高信息服务质量和效率是图书馆员面对的重要任务之一。

3. 传播渠道的数字化和多元复合化

微媒体的产生和发展，是先进的数字技术、通信技术和网络技术发展的产物。新技术大大拓展了微媒体的传播渠道。而微媒体对传统媒体的冲击也主要表现为传播渠道的冲击，微媒体传播渠道的数字化为用户提供了更加及时、便捷的信息，改变着用户获取信息的习惯，减弱了用户对传统媒体的依赖。但是，值得关注的是，传统媒体最核心的竞争力依旧是内容的专业性与深刻性。

传播渠道的多元复合化首先体现在平台或工具的多元化。微博、微信等以各自的优势和特点吸引着不同的受众，广大微媒体用户通过不同的平台获取各自所需的信息。跨媒介融合趋势也越发显著，不同平台之间的信息传播并非割裂关系，而是相互融合、有所借鉴；其次，传播渠道的多元复合化体现在传输设备的多元化方面，手机、平板电脑、笔记本电脑等设备为信息的无缝连接提供了媒介。传统媒体与微媒体优势互补、资源共享，为人们的生活带来了极大的便利，革新了人们的生活、生产、消费方式。

4.受众的参与性和个性化

微媒体促使传播过程中传受关系发生变化，传受关系的变化改变了人们的话语方式、交流方式，由单向传播变为自由、多向、共享传播，受众的自主性和参与性得到了极大的提升。用户既可以根据自己的喜好订阅和接收消息，又可以自主控制信息的播放进度、对信息进行评论、转发等操作，相对于用户在传统媒体中的被动接受地位，微媒体赋予了用户更大的自主权，大大提高了用户的参与度。传统媒体时代，受众通常情况下作为匿名的不具有独立个性的广泛群体存在。

而在微媒体传播活动中，受众则是具有独特个性和需求、爱好与习惯的个性化的个人或群体。微媒体可以根据受众的不同特点与需求提供精细化、个性化服务，有效提高信息服务的精确性和有效性。

5.传播效果时效性和广泛性

微媒体极大加速了信息传播速度和效率，信息传播的时效性和广泛性大大增强。微媒体使用的无门槛性、操作简便快捷性，有效降低了信息传播的成本，提高了信息传播的速率。信息的快速传播，导致信息时效性的增强。在高速的信息网络中信息得以实现传播速度、广度的最大化，微媒体具有传统媒体难以企及的强有力的传播效果。

(二)图书馆利用微媒体开展信息服务的动力

图书馆在目前的实践中积极地进行微服务的开展，这对于图书馆的发展而言有着重要的作用。从微服务的起步与发展来看，图书馆能做出如此改变，与其自身发展的动力因素密不可分。

1.图书馆以读者为中心的服务宗旨和理念

图书馆的微服务开展，其以读者为中心的服务宗旨和理念是重要的内源动力。图书馆的成立，其根本目的就是要推动社会知识的传播与发展，所以为读者服务是其根本宗旨和理念。在现代化社会的发展中，人们对于服务水平和质量的要求在不断地提升，对于图书馆也一样，所以图书馆为了打造更高的服务水平，进而服务更加广泛的读者，在以读者为中心的宗旨和理念推动下，积极地重视自身的完善性发展，由此开启微服务的功能。其实在社会发展的过程中，图书馆功能的自我更新和完善是一项重要内容，因为环境在改变，读者的需求也在改变，所以图书馆要想实现自身价值的持续性提升就必须做出改变。就价值体现而言，图书馆的价值体现在为读者的服务方面，所以图书馆为了践行自身的宗旨和理念，实现微服务的开启其实就是自我价值持续性提升的必要措施①。

2.新技术的推动

新技术对于图书馆开展微服务有着重要的推动作用。在过去，技术更新的速度相对较慢，新技术在图书馆服务方面的应用也比较少，所以图书馆的服务一直遵循着传统的模式。但是在目前的社会，各种各样的新技术在社会中产生了巨大的应用价值，图书馆为了自身的发展也积极引进了这些技术，所以其服务模式开始向多样化发展，服务范围也有了进一步的扩大，服务水平的提升也有了较大的改观。

就目前的图书馆微服务而言，主要借助的新技术是网络技术和信息技术。首先是信息技术的应用丰富了图书馆的资料获取途径，所以图书馆的资料全面性显著提升。另外，在信息技术的利用下，信息资料的电子化获得较快的发展，这就为图书馆开展微服务提供了良好的资源基础。其次是网络技术的应用使得信息资源的远程传输成为可能，所以说图书馆通过信息资料的远程管理和控制，微服务的水平会显著地提升。简而言之就是在信息技术和网络技术充分利用的情况下，图书馆的微服务基本条件越发成熟。

3.读者需求变化的刺激

读者需求的变化刺激也是图书馆微服务发展的主要外源动力之一。图书馆的根本目的就是要为读者提供相关服务，从而实现知识传播和推广的目的，所以说图书馆的发展需要以读者的需求为目标。近年来，随着多媒体移动设备的迅速发展，人们的阅读习惯在悄悄地改变。现在的

①毕丽萍．微媒体在图书馆信息服务中的应用及发展研究[D]．郑州：郑州航空工业管理学院，2017.

人们,快速阅读已经成为常态,所以更多的人在阅读的时候会优先选择电子书籍。在人们阅读选择发生变化的情况下,图书馆为了更好地满足读者的需求,必须要建立相应的服务机制,所以微服务便产生了。

随着现代化社会的发展,人们面对的工作压力和生活压力越来越大,在压力逐渐增加的情况下,人们很少走进图书馆进行阅读。因为时间压缩严重,所以更多的人不得不选择电子阅读这种快捷的方式。就目前的现代化都市而言,图书馆的藏书越来越丰富,但是借阅的人却十分的有限,反而是电子书库的光顾者更多。面对这样的现状,图书馆的服务不得不针对读者的需求进行改变,这也使得图书馆微服务具备了更强的发展动力。

4.政府政策的鼓励和支持

政府政策的鼓励和支持也是图书馆微服务发展的外源动力之一。政府之所以对图书馆进行政策鼓励,主要是因为图书馆建设作为精神文明建设的一个重要组成部分,是一种文化空间建设、信息资源建设,享有政策倾斜,而政府鼓励这样的文化建设。目前,我国正在大力发展文化产业,目的就是要为我国的文化发展打造良好的氛围,而图书馆具备文化传播和推广的重要价值,通过图书馆服务能力的提升和服务广泛性的扩展,整个社会的文化建设会向更好的方向发展,社会精神文明建设的速度会显著加快,建设质量也会有质的改变。

为了更好鼓励图书馆的服务发展,政府对图书馆进行了一系列的鼓励,主要措施包括三方面:一是资源支持。政府通过公共资源的调整,对图书馆的资源获得比例进行提高,在政府资源的帮助下,图书馆的建设氛围和条件获得了显著性的改观。二是人员支持。在人员支持的过程中,微服务人员的理论水平与实践水平有了非常明显的提升,对于微服务开展过程中问题的认识和解决也更加彻底。简而言之,就是政府政策的鼓励和扶持使得图书馆微服务发展的难题有了更彻底的解决,所以微服务的发展才更加迅速。三是技术支持。通过政府技术人员的介入,图书馆微服务的技术难关被攻克,整个服务系统的优化程度得到了明显的提升,微服务的效果也显著增强。

二、微媒体在图书馆信息服务管理中的策略

（一）双“微”联动，推进个性化信息服务

如何把微博的强传播性和微信的强关系性有机地联系起来，充分发挥二者的平台优势，这是图书馆在今后工作中努力完善的重点。双“微”联动，不仅表现为单个图书馆机构的微博、微信平台之间的联系，也表现为不同图书馆之间的线上互动和线下交流。在微媒体运营方面，图书馆应针对不同微媒体平台的不同特点，进行有重点、有计划的信息推送和发布。

那么，怎样将双微联动的效果发挥到最大化呢？一方面，要关注所有微媒体用户的“大数据”，通过抓取后台数据，进行数据统计和分析，发现数据间的联系，在整体上把握用户行为习惯，公布书籍借阅排行榜，开展好书推荐等服务；另一方面，要关注微媒体用户个体的“小数据”。“小数据”是相对于“大数据”而言的，“小数据”在这里是指微媒体用户个人在使用图书馆微媒体时产生的数据和痕迹。图书馆通过搜集和整理用户的“小数据”，可以更加了解读者的偏好，挖掘用户潜在的信息需求。例如，四川大学图书馆推出的“阅读对账单”活动，通过整理用户的借阅数据，为用户提供更加精准、更加人性化的个性化服务，深受好评。

（二）加强内容建设，增添实用功能

在个性化服务成为大势所趋的背景下，微媒体无疑为图书馆个性化服务提供了新平台、新渠道。增添实用功能，对用户来说就是增加一些符合自身个性化需求的服务功能，比如借还书提醒服务、基于读者借阅偏好的好书推荐功能等。此外，还可以利用微博微信的社交性质，为用户提供社交分享的平台，例如开辟留言墙等。尤其要利用微信公众平台的服务号优势，积极拓展API接口，不断丰富服务版块，并对服务版块进行集成和优化，方便用户操作和利用。

在具体的运营实践中，以图书馆微信公众平台为例，更应注重内容建设。在发布信息的策略中，标题是手段，内容是关键。借鉴企业公众号营销经验，标题的吸引力决定了有多少读者点开推文链接，而信息内容的有用性、原创性和趣味性则决定了读者是否会进行“点赞”“转发”等行为。因此，图书馆微媒体运营应始终把内容建设放在首位，及时发布契

合读者需求的内容，提高读者使用率和满意度。

（三）积极开展读者调查，建立长效反馈机制

网络环境下，图书馆读者调查的方式更加多元化。图书馆对微媒体的应用更是拓展了读者调查的渠道和方式。在微媒体运用到图书馆信息服务之前，图书馆读者调查工作主要依赖于Web站点问卷链接或E-mail问卷发放形式，调查周期较长，准确度也受限。而现在借助微媒体，图书馆可以更加方便快捷地进行读者调查，问卷发放更加精准，回收及时，数据统计更加方便。毫无疑问，微媒体是图书馆主动开展读者调查工作的一个重要突破口和新鲜阵地，丰富和拓展了图书馆读者调查工作的形式。

需要注意的是，图书馆应把握不同调查方式的不同特点，综合考量、细致对比其不同的适用范围，在调查方式的选择上遵循方法与目的相统一的原则。此外，还要不断开辟和尝试新的有效的调查方式，比如开辟微信留言墙、开通微博投票功能，及时整理数据、微博私信、微信留言，针对读者所提问题认真反馈，建立长效反馈机制，切实提高用户满意度。

（四）加强微媒体运营队伍建设

针对图书馆利用微媒体开展服务中存在的专业人才缺乏、技能培训不足等问题，图书馆应着重加强微媒体运营队伍建设和管理，主要从以下几个方面进行完善。

第一，图书馆管理者应在思想上与时俱进，重视微媒体服务的开展和完善。虽然我国图书馆微媒体服务的开展已是大势所趋，但是仍有部分图书馆尚未开通微媒体服务账号，或者开通之后处于“闲置”状态，并没有发挥微媒体应有的作用。因此，图书馆微媒体运营对专业运营人员的需求和吸引力都不足。图书馆的宗旨是服务，那么就需要根据用户的实际需求和行为习惯竭尽全力提供服务，而在当今移动互联时代微媒体无疑就是图书馆拓展服务范围、提升用户体验的不二选择。

第二，加强技能培训。图书馆应积极学习和借鉴企业关于微媒体运营和营销培训的经验，加强技能培训。同时，更加关注同行图书馆在微媒体服务实践方面的成功案例，将理论知识和实际工作结合起来，打造优质微媒体服务平台。

第三，注重团队架构设计。一支高效的微媒体运营团队依赖于多种专业技术人才的通力合作，比如文案、美工、客服等。在此基础上，还需要团队架构的合理设置。扁平化的团队架构更适合图书馆微媒体运营，内容策划、平面设计、技术开发等部门分工协作，整合资源，服务读者。此外，将量化考评工作细致化、常态化，将会对图书馆微媒体服务起到激励作用，保障图书馆微媒体运营的长远发展。

参考文献

[1]毕丽萍.微媒体在图书馆信息服务中的应用及发展研究[D].郑州：郑州航空工业管理学院，2017.

[2]傅苏.少年儿童图书馆信息服务挑战及对策研究——以天津市少年儿童图书馆为例[J].图书馆工作与研究，2015(S1)：102-105.

[3]关淑红.图书馆人本化管理理念之我见[J].现代交际，2016(03)：203-204.

[4]侯爽.浅谈图书馆管理的特点[J].农家参谋，2020(09)：273.

[5]胡瑞娜.网络背景下图书馆管理工作模式分析[J].才智，2020(11)：250.

[6]黄月.高校图书馆知识化信息服务转型对策研究[J].中国高校科技，2016(10)：18-19.

[7]江涛.大数据对图书馆信息咨询服务的影响及对策[J].数字技术与应用，2016(08)：224.

[8]金鑫.我国图书馆残疾人公共文化服务均等化研究[D].大连：辽宁师范大学，2014.

[9]李美琮.图书馆管理中知识管理的创新[J].现代营销(信息版)，2019(06)：166.

[10]李肖华.公共图书馆课题式信息服务路径探索[J].四川图书馆学报，2015(06)：48-50.

[11]李洋.公共图书馆个性化信息服务模式研究[J].内蒙古科技与经济，2020(02)：106-107.

[12]罗劭婷.济南市区公共图书馆老年读者信息服务研究[D].昆明：云南大学，2018.

[13]王洁.图书馆传统参考咨询服务存在的问题及对策探究[J].毕节

学院学报,2011,29(02):100-103.

[14]王丽君.大众传媒下的图书馆信息服务策略[J].新闻文化建设,2020(01):117-119.

[15]温博华.物联网技术在智能图书馆中的应用[J].计算机产品与流通,2018(04):159.

[16]吴斌兵.图书馆文献信息资源开发利用的思考[J].科技情报开发与经济,2012,22(03):97-98.

[17]夏雪.云计算在图书馆信息服务中的应用[J].农业图书情报学刊,2013,25(11):53-56.

[18]严飞,王一茗.图书馆信息服务研究[J].花炮科技与市场,2020(02):20+43.

[19]张继明.新时期图书馆行政管理工作的分析[J].才智,2019(36):248-249.

[20]张荣.网络信息化环境下的图书馆文献信息资源管理[J].晋中学院学报,2017,34(02):103-105.

[21]张舒雅,余琳.图书馆文献检索方式的探索[J].现代信息科技,2019,3(07):22-23.

[22]张旋.图书馆网络信息咨询工作研究[J].图书馆工作与研究,2018(S1):128-131.